Scherz Krimi

Spannung mit Niveau

Von Alfred Hitchcock sind lieferbar:

Meine Lieblingsmorde 1
Meine Lieblingsmorde 2
Meine Lieblingsmorde 3
Meine Lieblingsmorde 4
Meine Lieblingsmorde 5
Meine Lieblingsmorde 6

Meine schönen Schreckensstunden 1
Meine schönsten Schreckensstunden 2
Meine allerschönsten Schreckensstunden 3

Meine bösesten Gruselstunden 1
Meine schauerlichsten Gruselstunden 2
Meine giftigsten Gruselstunden 3

Meine schönen Horrorstunden 1
Meine köstlichen Horrorstunden 2
Meine schwärzesten Horrorstunden 3

Meine unheimlichsten Morde 1
Meine raffiniertesten Morde 2
Meine rätselhaftesten Morde 3

Alfred Hitchcock

Meine rätselhaftesten Morde 3

Scherz
Bern – München – Wien

Einzig berechtigte Übertragung aus dem Amerikanischen
von Renate Orth-Guttmann, Bodo Baumann, Ute Schmitt-Gallasch
Titel des Originals: »Tales to Make You Quake and Quiver«
Schutzumschlag von Heinz Looser
Foto: Thomas Cugini

1. Auflage 1986, ISBN 3-502-51051-2

Gesamtherstellung: Ebner Ulm

Regen am Mittwoch

Thomasina Weber

Als die Sirene die Stille zerriß, sprang Mae aus dem Bett und warf sich den Morgenrock über. Der kalte Boden jagte ihr Schauer über den Körper, während sie zur Haustür hastete. Bis sie aufgeschlossen, den Riegel zurückgeschoben und die Kette abgenommen hatte, war der Krankenwagen weg.

Immer ist das so, dachte sie verärgert, während sie die Tür wieder sicherte. Sie war einfach nicht schnell genug. Als ob das Schicksal eine bedauernswerte alte Dame, die keine Abwechslung im Leben hat, nicht auch mal ein bißchen zuvorkommend behandeln könnte. Jetzt würde sie beim Mittagessen Pauline nichts zu erzählen haben, und das bedeutete, daß Mae sich einen langen, öden Bericht über Paulines neuesten Traum würde anhören müssen.

Mae legte sich wieder hin, aber sie schlief nicht. Es war fast vier, und sie lag auf dem Rücken und sah in die Dunkelheit hinein. Vier Uhr – da war ein Verkehrsunfall wenig wahrscheinlich, sie mußten also den Krankenwagen aus einem anderen Grund geholt haben. Herzanfall? Möglich, besonders, wenn das Opfer ein Mann war. Typisch Mann, seine Frau mitten in der Nacht zu belästigen.

Oder vielleicht war es eine junge Frau, bei der sich das

Baby angekündigt hatte. Mae rümpfte die Nase. Elende Geschöpfe, diese Babys, selbstsüchtige kleine Ungeheuer, und die Frauen, die sie austrugen, waren nicht viel besser mit ihrem albernen Getue. Manchmal war Mae Krone froh, daß sie nie geheiratet hatte.

Es wurde heller im Zimmer, und Mae beschloß aufzustehen. Während sie Wasser für den Tee aufsetzte, begann es zu regnen. Verärgert zog Mae den Vorhang beiseite. Regen am Mittwoch? Wußten nicht alle, daß Mittwoch ihr einziger Ausgehtag war, der Tag, an dem sie sich mit ihrer Schwester Pauline im Park traf, wo sie ein dünnes Sandwich miteinander aßen und einen Nachmittag verplauderten? Zornig ließ sie den Vorhang wieder fallen. »Ausgerechnet an dem Tag muß es regnen«, sagte sie laut, »an dem Pauline das Sandwich mitbringt.«

Mae konnte sich nicht daran erinnern, ihre Schwester je geliebt zu haben. Pauline war ein hübsches, kokettes Ding gewesen, aber hinter den großen blauen Augen verbarg sich geistige Leere. Pauline flirtete zwar gern, aber früher oder später fiel ihren zahlreichen Freunden wohl doch die mangelhafte Ausstattung ihres Oberstübchens auf, so daß sie auf einen Antrag verzichteten. So marschierten sie und Mae, beide unbemannt, auf die Vierzig zu, Mae schicksalsergeben, Pauline mit nur mühsam verhehlter Verzweiflung. Und dann war Arthur auf der Bildfläche erschienen.

Arthur war fünfundvierzig, Junggeselle, ungeübt im Umgang mit Frauen. Vielleicht war das ein Grund, weshalb er Mae gefallen hatte, aber hauptsächlich hatte seine Intelligenz sie angesprochen. Mae hatte ihn kennengelernt, als er, neu in der Stadt, zum erstenmal in die Bibliothek gekommen war. Als Leiterin der Bibliothek

hatte sie ihm die Leserkarte ausgestellt, es war sofort ein Kontakt zwischen ihnen da. Arthur kam von nun an fast jeden Abend in die Bibliothek. Pauline bekam natürlich Wind davon, und als Mae sich weigerte, ihr Näheres zu erzählen, lief sie ihnen eines Abends einfach vor die Füße, so daß Mae nichts weiter übrigblieb, als die beiden miteinander bekannt zu machen.
Das war das Aus für Maes Hoffnungen. Das schwache Fleisch siegte, und Arthur erlag Paulines offensichtlichen Reizen. Bis heute hatte Mae nicht begriffen, wie ein so kluger Kopf wie Arthur zwar eine gleichgesinnte Seele in ihr erkannt hatte, aber dennoch so blind sein konnte, das Fehlen jedweder Seelenregungen bei Pauline zu übersehen.
Mae war von diesem Verrat zutiefst verletzt und gedemütigt, aber sie verbarg es gut. Sie war es, die für Pauline die Verlobungsparty ausrichtete, und es lag deshalb nahe, daß Pauline sich trostsuchend Mae zuwandte, als Arthur wenige Tage danach bei einem Verkehrsunfall ums Leben kam.
»Sie werden den Schuldigen finden«, hatte Mae beruhigend gesagt. »Fahrerflucht bleibt selten unentdeckt.«
»Sie werden ihn nicht finden«, jammerte Pauline. »Aber was hilft es auch, wenn sie ihn finden? Arthur ist tot, mein Arthur ist tot.«
Er war nicht dein Arthur, hätte Mae am liebsten gesagt. Ihr wart noch nicht verheiratet. Sie hätte Pauline auch gern gesagt, daß aus Bösem nie Gutes erwächst und daß das Unglück vielleicht nie passiert wäre, wenn Pauline nicht ihrer Schwester den Freund weggenommen hätte. Aber Mae sagte nichts, sondern bot Pauline eine Schulter, an der sie sich ausweinen konnte. Bildlich gesprochen

hatte Pauline nie aufgehört zu weinen. Daß auch ich um Arthur trauere, dachte Mae bitter, wäre ihr nie eingefallen.
Nach Arthurs Tod war der Kontakt zwischen ihnen eng geblieben. Sie lebten beide allein, Pauline in einer Mietwohnung, Mae in dem kleinen Haus, das sie von ihren Eltern geerbt hatte. Die Frage einer gemeinsamen Wohnung stellte sich nie, und Mae war froh darüber. Sie sagte sich zwar immer wieder, daß sie eigentlich einen endgültigen Trennungsstrich ziehen müßte, aber sie konnte sich nicht dazu durchringen. Mit Genugtuung betrachtete sie die inzwischen runder und hausbackener gewordene Pauline und sagte sich, daß Arthur vor einem elenden Leben bewahrt worden war.
Um halb elf klopfte es. »Wer ist da?« rief Mae.
»Ich bin's, Pauline.«
Was wollte die denn hier? Mae schloß auf, schob den Riegel zurück und öffnete die Tür bei vorgelegter Kette. Als Pauline ihr zulächelte, runzelte sie die Stirn und machte die Tür zu, um die Kette abzunehmen.
»Ich hoffe, es macht dir nichts aus, daß ich vorbeikomme«, sagte Pauline mit zitternder Stimme, »aber es ist unser Tag, und ...«
»Du machst eine Pfütze auf den Boden.«
»Oh, das tut mir leid.« Sie hielt den tropfenden Schirm auf Armeslänge von sich weg, als könne sie dadurch das Tropfen abstellen.
»Komm in die Küche und stell ihn in die Spüle.« Mae ging voraus.
»Im Regen können wir ja kaum im Park sitzen«, sagte Pauline, »und ich habe das Sandwich mitgebracht.«
»Wir treffen uns sonst nie, wenn es regnet.« Mae griff

nach dem Schirm, um ihn aufzuspannen.
»Ich weiß, aber ich mußte dich sprechen.« Pauline faßte den Schirm fester. »Laß ihn zu, Mae. Weißt du nicht, daß es Unglück bringt, im Haus einen Schirm aufzuspannen?« Sie stellte ihn in die Spüle.
»Du hast wohl wieder was geträumt?«
»Ja, und diesmal war es etwas unaussprechlich Grauenhaftes.«
»Um so besser, dann brauche ich es mir ja nicht anzuhören.«
Pauline schien verblüfft, dann lachte sie. »Ach, Mae, du wirst immer so böse wegen meiner Träume, aber dann läßt du mir doch keine Ruhe, bis ich sie dir erzählt habe.«
Mae seufzte. »Ja, weil du sie sonst in der ganzen Stadt herumtragen würdest.«
»Du brauchst es nicht in den Kühlschrank zu tun, Mae, es ist nur Erdnußbutter.« Erdnußbutter... Pauline kannte nichts anderes als Erdnußbutter-Sandwiches, und sie waren so dünn, daß man durch sie hindurch hätte Zeitung lesen können.
Mae wußte genau, Pauline wartete nur darauf, daß sie sich setzte, damit sie von ihrem Traum anfangen konnte, und deshalb suchte sie sich alle möglichen Beschäftigungen, um diesen Augenblick hinauszuschieben. Es wäre etwas anderes gewesen, wenn sie Konkretes über den Krankenwagen hätte berichten können, der sie geweckt hatte. Obgleich Mae sich an Intelligenz, Reife und Scharfblick über Pauline turmhoch erhaben dünkte, hatte Pauline immer das meiste zu erzählen. Das deprimierte Mae, bis ihr einfiel, was man über leere Fässer sagte, und dann fühlte sie sich gleich wieder besser.
Pauline erzählte von einem Staubsaugervertreter, der am

Vortag bei ihr gewesen war. »So ein reizender Mann, Mae, ich konnte einfach nicht nein sagen.«
»Soll das heißen, daß du einen Staubsauger bestellt hast?«
»Ich wollte ihn nicht enttäuschen. Er hat sich so ins Zeug gelegt, und ich war seine erste Interessentin, hat er gesagt.«
»Aber du hast doch nicht einmal einen Teppich.«
Pauline rang die Hände. »Das ist es ja eben, Mae. Ich sehe jetzt ein, daß es dumm von mir war. Aber was soll ich machen?«
Mae verachtete Schwäche. Sie begriff nicht, wie Pauline sich so lange allein, ohne einen Menschen, der die Entscheidungen für sie traf, durchgeschlagen hatte. »Hast du ihm Geld gegeben?«
»Nein.«
»Dann verweigerst du einfach die Annahme, wenn das Ding geliefert wird.«
»Aber bestimmt bringt ihm das Unglück, wenn seine erste Kundin einen Rückzieher macht.«
Das Stichwort Unglück erinnerte Mae an den Krankenwagen und daran, daß sie nicht schnell genug gewesen war, ihn zu sehen. Um Paulines Geschichte über den neuesten Alptraum zuvorzukommen, fragte sie rasch: »Hast du heute früh den Krankenwagen gehört?«
»Nein, aber eigentlich wundert mich das, denn nach meinem Traum habe ich kaum mehr ein Auge zugetan.«
»Er kam um vier hier vorbei, ich bin förmlich hochgefahren.«
»Ich bin um zwei aufgewacht, und dann habe ich mich endlos herumgewälzt...«
»Er ist mit heulender Sirene direkt am Haus vorbeigefahren...«

»Arthur kam in dem Traum vor, er ging allein die dunkle Straße hinunter, nur seine weiße Jacke hat man gesehen. Du erinnerst dich doch an die weiße Jacke, die Arthur hatte...«

»Er ist so schnell vorbeigefahren, daß ich nur einen ganz flüchtigen Blick...«

»Und das ist das Komische daran: Die weiße Jacke war im Dunkeln zu sehen. Man hätte doch denken sollen, daß der Fahrer...«

»Das, was in dem Krankenwagen lag, sah nach einem Mann aus, einem ziemlich großen Mann, soviel konnte ich erkennen, weil...«

»Wer immer Arthur überfahren hat, war also entweder betrunken oder hat es absichtlich gemacht.«

»Eigentlich müßte man sich beschweren. Dieser Lärm von den Krankenwagen mitten in der Nacht...«

»Mae! Du hörst ja überhaupt nicht zu.«

Mae sah überrascht in Paulines gerötetes Gesicht. »Natürlich habe ich zugehört – so gut oder so schlecht, wie du mir zugehört hast.«

»Wie kannst du so reden?« Pauline holte ein Taschentuch hervor und tupfte sich die Augen. »Arthur kommt im Traum zu mir, und du hörst nicht mal zu.«

»Doch, ich habe zugehört, Pauline. Arthur hatte seine weiße Jacke an.«

»Aber das ist nicht alles.«

»Das ist alles, was du gesagt hast.«

»Du hast mich ja nicht ausreden lassen.«

Mae zog sich einen Stuhl heran und faltete die Hände auf dem Tisch. »Na gut, Pauline, erzähl weiter. Ich sitze ganz still und höre zu.«

Pauline schnuffelte ein paarmal, strich ihren Rock glatt,

tupfte sich noch einmal die Augen und fuhr fort: »Ich glaube, Arthur wollte mir etwas sagen. Deshalb hat er mich im Traum besucht.«
»Er hat sich also endlich entschlossen, sich bei dir zu melden? Besser spät als nie, was?«
»Wir wissen ja nicht, wie das drüben so ist. Vielleicht ist ein Jahr nur ein Tag für sie oder nur eine Stunde.«
»Und was für eine welterschütternde Botschaft hatte Arthur für dich?«
»Du wirst es nicht glauben, ich habe es selber nicht geglaubt. Wenn es jemand anders als Arthur gewesen wäre...«
»Aber natürlich war es niemand anders als Arthur.«
»Eben. Ich kenne doch meinen Arthur. Wir waren schließlich –«
»Du scheinst zu vergessen, daß es nur ein Traum war, Pauline.«
»Es war so lebensecht. Er stand da, und seine weiße Jacke war voller Blut...«
»Er hat demnach drüben keine Wäscherei gefunden?«
»Mae, du machst dich lustig über mich. Aber das ist eine ernste Sache, das wirst du schon noch merken, wenn du mich endlich ausreden läßt.«
»Entschuldige bitte.«
»Ja, also er stand da, voller Blut, und streckte die Arme aus, oder er versuchte es jedenfalls, denn der linke war an drei Stellen gebrochen, und seine Beine...«
»Pauline! Ich denke nicht daran, mir eine klinische Beschreibung seines Körpers anzuhören. Entweder sagst du jetzt klipp und klar, was du zu sagen hast, oder du nimmst dein Erdnußbutter-Sandwich und gehst nach Hause.«
Paulines Augen verengten sich. »Dazu hätte ich die

größte Lust, Miss Hoffart. Aber Arthurs Mitteilung betrifft zufällig dich, und ich finde, du solltest es als erste erfahren.«
»Ach, mich betrifft sie? Und was hat Arthur gesagt?«
»Er hat auf seine weiße Jacke gezeigt.«
»Ja?«
»Als wolle er mich extra noch mal darauf aufmerksam machen.«
»Aber was hat er gesagt, Pauline?«
»Er hat gesagt... ja, also er hat nur ›Mae‹ gesagt, aber so, wie er es gesagt hat, habe ich begriffen, daß es etwas zu bedeuten hatte.«
»Zweifellos.«
»Es war dein Name, Mae.«
»Ja und?«
»Hast du nichts dazu zu sagen?«
»Wozu?«
»Zu dem, was Arthur gesagt hat.«
»›Mae‹?«
»Ja. Er wollte mir zu verstehen geben, daß du ihn umgebracht hast.«
»Du hast wohl nicht alle Tassen im Schrank, Pauline.«
»Ich sehe das jetzt alles glasklar. Er wollte mir zu verstehen geben, daß es kein Unfall war, denn im Dunkeln war seine weiße Jacke deutlich zu sehen. Ohne diesen Traum hätte ich mich nie daran erinnert, daß er die Jacke an dem Abend trug, als er verunglückte. Und dann hat er mir gesagt, wer ihn umgebracht hat.«
»Das darf doch nicht wahr sein...«
»Aber das war noch nicht alles, was Arthur gesagt hat.«
»Nein?«
»Er sagte: ›Hüte dich!‹«

Mae lachte laut auf. »Kitschiger geht's wohl nicht mehr? Das sollte vermutlich heißen, daß ich auch dich umbringen würde.«
»Genau.«
Mae sah ihre Schwester fassungslos an. »Du machst Witze.«
Pauline schüttelte den Kopf.
»Dann erzähl doch mal, wie das alles gelaufen ist. Erstens: Warum habe ich Arthur umgebracht? Und zweitens: Warum werde ich dich umbringen?«
»Weil Arthur vorher dein Verehrer war.«
Mae seufzte. »Pauline, glaubst du wirklich, daß ich dann bis jetzt gewartet hätte, um dich zu töten?«
Paulines Lächeln erlosch. »Daran hatte ich nicht gedacht.«
»Ich an deiner Stelle, Pauline, würde so eine Geschichte nicht in der Stadt verbreiten.«
»Aber du hast deinen Wagen direkt nach dem Unfall verkauft«, sagte Pauline.
»Zufall. Ich hatte es schon eine ganze Weile vor.«
»Und du hast dich seither nie wieder ans Steuer eines Wagens gesetzt.«
»Ich bin nie gern gefahren.«
»Und einen Monat danach hattest du einen Nervenzusammenbruch.«
»Ich war überarbeitet. Wir waren knapp mit dem Personal, und ich habe eine Menge Überstunden gemacht.«
»Du hast Arthur geliebt.«
»Das stimmt. Sein Tod hat mich tief erschüttert, obgleich ich, anders als du, nicht in aller Öffentlichkeit herumgeheult und gejammert habe.«
»Ich war mit ihm verlobt.«

»Das weiß ich.«
»In einer Woche sollte die Hochzeit sein.«
»Er war ein Schuft.«
»Mae, wie kannst du so etwas sagen?«
»Nur weil du deinen Rock besser schwingen konntest, hat er den Kopf verloren.«
»Willst du damit sagen, daß –«
»Er hat sich vom Sex blenden lassen. Mit unserem gemeinsamen Interesse an Büchern und Philosophie hätten wir ein schönes Leben miteinander haben können, aber du hast alles zerstört.«
»Es gibt mehr im Leben als Bücher und Philosophie, meine liebe Mae, aber das hast du wohl nie erfahren.«
»Er wäre nie glücklich mit dir geworden, sein Leben wäre leer und sinnlos gewesen, hätte in eine Sackgasse geführt.«
»Du weißt nicht, wovon du redest. Ich hätte ihn glücklich gemacht. Ich hätte ihm Liebe und Geborgenheit gegeben, ich hätte ihm Kinder geschenkt. Und deinetwegen habe ich keine Kinder.« Pauline sprang auf.
»Meinetwegen?«
»Du hast Arthur getötet, das weiß ich jetzt. Und mich hast du nur deshalb noch nicht umgebracht, weil es dir Befriedigung verschafft zuzusehen, wie ich alt und dick und einsam werde.« Pauline stand jetzt an der Spüle und wühlte in den Falten des nassen Regenschirms herum.
»Als ich zu dir kam, hast du mich mit deinen Fragen und Argumenten ganz durcheinandergebracht, und ich dachte, daß ich mich vielleicht doch geirrt habe, aber jetzt weiß ich, daß es stimmt. Ich sehe dich nun so, wie du wirklich bist, Mae Krone, und ich begreife nicht, wie ich all die Jahre so blind sein konnte.« Pauline hatte endlich das

Messer aus den Falten des Regenschirms herausgezogen, drehte sich um und sah gerade noch, wie die gußeiserne Pfanne auf ihren Schädel niedergesaust kam.

Es war später Vormittag, und Mae saß auf dem Küchenstuhl, die gußeiserne Pfanne im Schoß. Pauline lag auf dem Boden. Es war sehr unhöflich von Pauline, zu Besuch zu kommen und sich dann auf dem Boden zusammenzurollen und zu schlafen. Aber Pauline war eben eine dumme Gans. Vor einiger Zeit, Mae wußte nicht, wie lange es her war, hatte sie den Wagen des Milchmannes in der Auffahrt gehört. Er hatte an die Glasscheibe der Tür geklopft, und dann war er wieder gegangen. Ob er die Milch auf die Vortreppe gestellt hatte?

Plötzlich zerriß der Laut einer Sirene die Stille. Instinktiv sprang Mae auf und lief ins Vorderzimmer. Diesmal hatte sie Glück, diesmal kam sie nicht zu spät. Es hörte sich an wie ein Streifenwagen, er kam immer näher. Dann sah sie ihn. Er hielt vor dem Haus. Wie nett. Sie hatten endlich Erbarmen mit einer armen alten Dame gehabt und kamen, um ihr zu sagen, was sich tat. Sie würde ihnen zum Dank eine schöne Tasse Tee machen. Und sie freute sich schon auf den nächsten Mittwoch. Pauline würde vor Neid erblassen.

Ein Flugplatz im Dschungel

Bill Pronzini

La Croix hatte sich in den zwei Jahren, seit ich ihn zuletzt gesehen hatte, nicht wesentlich verändert. Noch immer hatte er dieses einschmeichelnde Lächeln. Wir saßen in einer der hinteren Nischen der »Seaman's Bar« am Singapore River. Es war halb zwölf.

La Croix wischte sich einen imaginären Fleck von seinem weißen Tropenanzug. »Sie werden es tun, *mon ami*?«

»Nein«, sagte ich.

Sein Lächeln erlosch. »Aber ich habe Ihnen einen Haufen Geld geboten.«

»Das hat damit nichts zu tun.«

»Aber ich verstehe nicht –«

»Ich bin nicht mehr im Geschäft.«

Das Lächeln war wieder da. »Sie machen Witze.«

»Sehen Sie mich lachen?«

Wieder verschwand das Lächeln. »Aber Sie *müssen* mir helfen. Wenn ich Ihnen sagen würde –«

»Ich will gar nichts hören. Es gibt andere in Singapur, warum probieren Sie's nicht bei denen?«

»Wir beide waren oft miteinander im Geschäft«, sagte La Croix. »Sie sind der einzige, dem ich trauen kann. Ich bin bereit, mein Angebot zu verdoppeln. Zu verdreifachen.«

»Ich sage Ihnen doch, daß es mir nicht ums Geld geht.«

»Ich bitte Sie, *mon ami*.« Er sah mich flehend aus seinen

graugrünen Augen an. Schweiß stand auf seiner Stirn. Wir waren öfter miteinander im Geschäft gewesen, das stimmte, aber ich schuldete ihm nichts, und auch dann hätte ich ihm nicht geholfen.
Ich stand unvermittelt auf. »Ich kann es nicht machen, La Croix. Tut mir leid, aber es geht einfach nicht. Ich drücke Ihnen die Daumen, daß Sie jemand anders finden.«
Ich wandte mich ab, ging durch den Perlenvorhang an der Theke und bestellte geeistes Bier.
La Croix lief mir nach. »Bitte überlegen Sie es sich noch einmal, Monsieur Connell«, flüsterte er. »Wenn ich in Singapur bleibe, bin ich in größter Gefahr.«
»Wie oft soll ich es Ihnen noch sagen, La Croix? Ich kann nichts für Sie tun.«
»Aber ich habe schon –« Er unterbrach sich, sah mir in die Augen, deutete ihren Ausdruck richtig, wandte sich um und verschwand.
Ich trank mein Bier aus und trat hinaus in die *roote hond,* wie die Malayen sagen, die drückend-feuchte Hitze, die mittags über Singapur hängt. Ein paar europäische Touristen waren unterwegs, die sich angeregt unterhielten und eifrig fotografierten, wie das so ihre Art ist, die Einheimischen jedoch waren vernünftig genug, in den kühlen Häusern zu bleiben.
Ich ging zum Fluß hinunter. Das Wasser war blaugrün, ein dunkler, öliger Farbton. Wie immer drängen sich auf der schmalen Strecke Sampans, *prahus,* kleine chinesische Dschunken mit ihren Bambusaufbauten, und die schwer beladenen *tongkangs* oder Leichter mit dem fast ebenen Deck. Es roch nach faulendem Abfall, Salzwasser, Gewürzen, Gummi, Benzin, dazwischen hing der durchdringend süßliche Duft von Jasmin. Die rostfarbenen

Ziegeldächer, mit denen fast alle Gebäude in Singapur gedeckt sind, leuchteten matt durch den Hitzedunst auf beiden Seiten des Flusses.

Ich ging am Ufer entlang, bis ich an eins der kleineren *godowns* – Lagerhäuser – kam. Harry Rutledge war leicht zu finden. Der große Engländer mit dem frischen roten Gesicht überwachte das Löschen einer Ladung Kopra aus einem der Leichter.

»Kannst du mich heute gebrauchen, Harry?« fragte ich.

»Tut mir leid, alter Junge. Ich hab genug Kulis an der Hand.«

»Morgen?«

Er rieb sich die sonnenverbrannte rote Nase. »Morgen krieg ich eine Ladung Palmöl«, überlegte er. »Soll hier umgeladen werden. Da hätte ich schon Verwendung für dich.«

»Wann soll ich kommen?«

»So um elf.«

»Du kannst mit mir rechnen.«

»In Ordnung, alter Junge.«

Ich ging am Fluß entlang wieder zurück. Auch nach fünfzehn Jahren im Südchinesischen Meer hatte ich mich noch nicht an die Hitze gewöhnt. Mir war nach einem Bier, aber ich sollte besser vorher was essen, sagte ich mir. Ich hatte den ganzen Tag noch nichts in den Magen gekriegt. Kleine Imbißstände gibt es alle paar Schritte am Fluß. Ich blieb am nächsten besten stehen und setzte mich auf einen der niedrigen Holzhocker unter einer weißen Leinwandmarkise. Ich bestellte Schaschlik mit Reis und eine frische Mangistan. Ich hatte mich gerade über die Mangistan, eine dicke, fleischige Frucht, hergemacht, als die drei Männer auf mich zukamen. Die beiden rechts und

links hatten kupferfarbene Haut, ausdruckslose Gesichter und schräge Augen. Sie trugen weiße Leinenjacken und -hosen.
Der in der Mitte war um die Fünfzig, klein und sehr dick, und seine Haut sah aus wie gekneteter rosafarbener Teig. Ich tippte auf einen Holländer oder Belgier. Auch er war in Weiß, aber da hörte die Ähnlichkeit zwischen ihm und den beiden anderen auf. Der Anzug war erstklassig geschnitten, der Schlips aus Seide, die Lederschuhe Handarbeit und auf Hochglanz poliert. Am kleinen Finger der linken Hand hatte er einen dicken goldenen Ring mit einem Jadestein in Form eines Löwenkopfes – wohl ein Symbol für die Löwenstadt Singapur.
Er ließ sich vorsichtig auf dem Hocker neben mir nieder. Die beiden andern blieben stehen.
Der Dicke strahlte, als habe er gerade einen schmerzlich vermißten Anverwandten wiedergefunden. »Sie sind Mr. Connell, nicht wahr?« Sein Englisch war fehlerlos.
»Stimmt.«
»Ich bin Jorge Van Rijk.«
Ich hielt mich an meine Mangistan. »Wie schön für Sie.«
Er schien das witzig zu finden. Goldfüllungen blitzten auf. In seinem Lachen schwang ein Schnarren mit, bei dem es mich kalt überlief. »Sie wurden vor kurzem in der ›Seaman's Bar‹ beobachtet«, sagte er. »Im Gespräch mit einem Bekannten von mir.«
»Ach nee...«
»Ja. Monsieur La Croix.«
»Interessant.«
»Ja«, bestätigte Van Rijk. »Darf ich fragen, worum es sich bei Ihrer Unterhaltung drehte?«
Ich sah ihn an. »Ich glaube kaum, daß Sie das was

angeht.«
»O doch, Mr. Connell. Es geht mich sogar sehr viel an.«
»Warum fragen Sie dann nicht La Croix?«
»Das ist natürlich ein exzellenter Vorschlag«, sagte Van Rijk. »Nur ist leider Monsieur La Croix zur Zeit – äh – unauffindbar.«
»Pech.«
»Deshalb muß ich wohl oder übel Sie fragen.«
»Bedaure. Es war privat.«
»Verstehe.« Van Rijk lächelte und sah mich aus sanften blauen Augen an. »Man sagte mir, Mr. Connell, daß Sie Pilot sind.«
»Da hat man Ihnen was Falsches gesagt.«
»Das glaube ich kaum«, meinte er. »Und natürlich hat La Croix deshalb mit Ihnen gesprochen.«
»Ach ja?«
»Er hat Sie gebeten, ihn aus Singapur herauszubringen.«
»Was Sie nicht sagen.«
»Und haben Sie seinem Vorschlag zugestimmt?«
»Welchem Vorschlag?«
»Ich möchte sein Reiseziel wissen, Mr. Connell.«
Ich zuckte die Schultern. »Kann ich Ihnen nicht sagen.«
»Sein Reiseziel, Mr. Connell.«
»Er hat irgendwas von der Antarktis erzählt. Es soll dort um diese Zeit sehr angenehm sein.«
Es gab ihm einen kleinen Ruck. »Dieses Wortgerangel wird allmählich langweilig, Mr. Connell«, sagte er kalt. »Sie wären gut beraten, mir zu sagen, was ich wissen will. Sehr gut beraten.«
»Ich habe es überhaupt nicht nötig, Ihnen etwas zu sagen«, gab ich so gleichmütig wie möglich zurück. »Wer Sie sind, weiß ich nicht, und es ist mir auch ziemlich egal.

Aber ich weiß, daß Sie mir samt Ihrem Benehmen und Ihren Andeutungen nicht gefallen. Habe ich mich klar genug ausgedrückt?«

Sein Blick veränderte sich. Er war nicht mehr milde. »Ich bin kein geduldiger Mensch, Sir«, sagte er. »Und wenn mir das bißchen Geduld, das ich besitze, abhanden gekommen ist, bin ich auch kein angenehmer Mensch. Normalerweise ist mir Gewaltanwendung in jeder Form zuwider, aber es gibt Situationen, in denen ich keine andere Möglichkeit sehe.«

Ich legte die Hände flach auf den Tisch und beugte mich leicht zu ihm herüber. »Schön, Van Rijk, Sie haben gesagt, was Sie sagen wollten. Jetzt bin ich dran. Wenn Sie glauben, daß ich mit Ihnen irgendwohin gehe, sind Sie schief gewickelt. Ich bezweifle nicht, daß Ihre beiden Gorillas bis an die Zähne bewaffnet sind, aber ich bezweifle, daß Sie ihnen den Befehl geben würden, jemanden auf einer belebten Einkaufsstraße zu erschießen. Ich bezweifle, daß Sie die Absicht haben, sich Ärger einzuhandeln. Auch Ihre beiden Jungs würden Ärger kriegen – und ich könnte mir vorstellen, daß Sie wissen, was das bedeutet. Würde es Sie reizen, eine Weile wegen Erregung öffentlichen Ärgernisses im *penjara* dieser schönen Stadt zu sitzen, Van Rijk?«

Seine rosigen Wangen wurden rotfleckig vor Zorn. Die anderen beiden wiegten sich auf den Ballen und beobachteten mich. Sie warteten auf Van Rijks Zeichen.

Unvermittelt stand er auf. »Es wird sich eine bessere Gelegenheit ergeben, Mr. Connell«, sagte er leise und schneidend. »Wenn die Straßen nicht so belebt sind und die Sonne nicht so hell scheint.« Dann drehte er sich um und zog ab, sich seinen Weg durch die dicht an dicht

stehenden Tische bahnend, die beiden Gorillas auf seinen Fersen. Alle drei verschwanden in dem Gewoge der Uferstraße.
Ich blieb noch eine Weile sitzen und dachte nach. Van Rijks Drohungen gingen mir doch nach, obgleich es ebensogut ein Bluff sein konnte. Ich war mit der Sache ganz gut fertig geworden, fand ich. Auch seine Beziehung zu La Croix interessierte mich – allerdings nicht genug, um mich da reinzuhängen. Ich hatte eine Witterung aufgenommen, die mir nur zu vertraut war.
Ich stand auf, legte die Sache zu den Akten und fand, daß es jetzt Zeit für das geeiste Bier war.
Auf der Jalan Barat gibt es eine Bar mit dem schönen Namen »The Malaysian Gardens«. Die Bezeichnung ist grob irreführend. Wenn im Umkreis von hundert Metern jemals auch nur ein einziger Busch oder Baum, eine einzige Blume gestanden hätte, würde mich das sehr wundern. Weder die Fassade, die an eine Mietskaserne in Chinatown erinnert, noch der scheunenartige Innenraum mit einem Duftgemisch aus Menschenleibern und Räucherstäbchen trägt dazu bei, diesen ersten Eindruck zu verwischen.
Ich habe die Spelunke vor vielen Jahren entdeckt, und ich kann nicht recht erklären, wieso ich nach wie vor ziemlich regelmäßig dort aufkreuze. Vielleicht, weil man auf der ganzen Insel kein so billiges Bier kriegt wie dort. Vielleicht, weil es die richtige Pinte für Leute wie mich ist, die sich zum Trinken ein Minimum an Unterhaltung und ein Maximum an Alleinsein wünschen.
Dort also trank ich an diesem Nachmittag mein geeistes Bier. Nach einer Mütze voll Schlaf in meiner Wohnung und einem Abendessen in einem kleinen, preiswerten

Lokal ging ich wieder hin, um mir eine großzügige Portion Alleinsein und Bier zu Gemüte zu führen. Ich hatte sonst nichts weiter zu tun.
Ich hatte schon drei Stunden allein an einem Tisch ganz weit hinten gesessen und mich mit alten, nutzlosen Gedanken herumgeschlagen, als ich das Mädchen sah.
Sie stand in dem Bogengang der Eingangstür und schien auf mich oder jedenfalls in meine Richtung zu starren. An ihrer Haltung war zu erkennen, daß sie bereit war, bei dem geringsten Anzeichen von Unruhe die Flucht zu ergreifen.
Ich sah sie über den Rand meines Glases hinweg an, und dann trafen sich unsere Blicke. Ihr Mund wurde zu einem kleinen, runden O, sie wandte sich halb zur Straße, dann gab sie sich einen Ruck und kam rasch auf mich zu.
Als sie näher kam, erkannte ich, daß sie sehr groß war, gut gebaut, mit einem herzförmigen, völlig symmetrischen Gesicht, das europäische – oder zumindest westliche – Herkunft verriet. Das schwarze Haar hing lang herunter. In dem rauchgeschwängerten Dämmerlicht der Pinte war ihr Alter schlecht auszumachen. Ich schätzte sie auf nicht älter als einundzwanzig.
Sie blieb sichtlich nervös oder verlegen oder beides vor meinem Tisch stehen. »Sie... sind Daniel Connell, nicht?« Auch ihrer Stimme hörte man die Unsicherheit an.
Ich nickte. »Ja.«
»Könnte ich Sie wohl mal sprechen? Es... es ist sehr wichtig.«
Ich deutete auf einen freien Stuhl und bat sie, sich zu setzen.
»Ich weiß nicht recht, wie ich das sagen soll«, fing sie an.

»Ich ... kenne mich in diesen Dingen nicht gut aus.«
»In was für Dingen?«
Sie zögerte. »Sie würden es vielleicht Intrigen nennen.«
Ich lächelte. »Das ist ein sehr melodramatisches Wort.«
Sie senkte die Stimme zu einem verstohlenen Flüstern. »Man hat mir gesagt, Mr. Connell, daß Sie manchmal Leuten einen ... einen Gefallen tun.«
»Gefallen? Ich verstehe nicht recht ...«
Sie nagte an ihrer Unterlippe. Dann sagte sie rasch, als habe sie es eilig, sich von dem Druck der Worte zu befreien: »Man hat mir erzählt, daß Sie Pilot sind, Charterpilot, und daß Sie Leute fliegen, wohin sie wollen, ohne nach Gründen zu fragen, wenn sie nur genug Geld haben, Sie dafür zu bezahlen.«
Ich schwieg einen Augenblick. Dann fragte ich: »Wer hat Ihnen das erzählt?«
»Ach, irgendwelche Leute, mit denen ich geredet habe.«
»Was für Leute?«
»Ich weiß nicht, wie sie heißen. Es waren mehrere. Ich habe versucht, es möglichst diskret zu machen, aber ich bin nicht gut in solchen Sachen. Ich habe an der Uferstraße und auf dem Raffles Square herumgefragt, ob es in Singapur jemanden gibt, der mich heimfliegen könnte, ohne neugierige Fragen zu stellen, und da haben mir ein paar Leute gesagt, ich sollte mal mit Daniel Connell reden, und abends würde ich ihn höchstwahrscheinlich hier antreffen, und da ...« Sie verstummte und betrachtete ihre Hände.
Ich trank einen Schluck, dann fragte ich: »Wohin wollen Sie denn?«
»Auf die Philippinen. Nach Luzon.«
»Wenn man Ihnen gesagt hat, daß ich keine neugierigen

Fragen stelle, hat man Ihnen was Falsches gesagt. Warum haben Sie es so eilig, nach Luzon zu kommen? Und warum so geheimnisvoll?«
Sie schwieg einen Augenblick, schien zu schwanken, ob sie mir vertrauen sollte. Dann flüsterte sie: »Es ... es geht um meinen Vater.«
»Um Ihren Vater?«
»Als ich heute nachmittag ins Hotel zurückkam, war ein Telegramm da. Von ... von der Polizei in Luzon. Sie haben meinen Vater verhaftet. Es hat dort in der letzten Zeit mehrere Terroranschläge gegeben, und man glaubt, daß er etwas mit einer kommunistischen Guerillaorganisation zu tun hat, die dahinterstecken soll.« Sie holte tief und mühsam Luft. Erst jetzt merkte sie offenbar, wie sehr sie sich danach gesehnt hatte, jemandem ihr Herz auszuschütten. »Aber es ist nicht wahr. Es kann nicht wahr sein. Ich kenne meinen Vater. Er ist ein Patriot und Individualist und würde sich nie mit solchen Leuten einlassen.«
Ich schwieg einen Augenblick, dann sagte ich langsam: »Es ist wohl das gescheiteste, wenn Sie noch einmal ganz von vorn anfangen. Am besten mit Ihrem Namen.«
Wieder kaute sie an der Unterlippe herum. »Tina Kellogg.«
»Sie sind auf Urlaub in Singapur?«
»Ja, gewissermaßen. Ich habe gerade an der Universität von Manila meinen Abschluß gemacht und wollte, ehe ich mich in den Job vergrabe, den man mir daheim angeboten hat, noch eine Reise machen.«
»Sie wohnen in Luzon?«
»Ja.«
»Und was ist Ihr Vater?«

»Import-Export-Kaufmann, nur ein kleiner Geschäftsmann eigentlich, mit ein paar amerikanischen und europäischen Kunden. Deshalb ist der Gedanke so lächerlich, er hätte sich mit kommunistischen Guerilleros eingelassen. Was hätte er davon?«

Es war eine rhetorische Frage. »Ich kann verstehen, daß Sie so schnell wie möglich nach Hause wollen«, sagte ich. »Aber warum nehmen Sie nicht einfach eine Linienmaschine?«

»Ich habe kein Geld und keine Möglichkeit, mir von einer Fluglinie das Geld vorstrecken zu lassen. Mein Vater wollte mir einen Scheck für den nächsten Monat schicken, aber... der Scheck ist nie gekommen.«

»Können Sie sich nicht von zu Hause telegrafisch Geld überweisen lassen? Von Ihrer Mutter oder von Verwandten?«

»Meine Mutter ist gestorben, als ich elf war. Ich habe nur noch meinen Vater.«

»Dann vielleicht von Geschäftspartnern, von Freunden...«

Sie schüttelte heftig den Kopf. »Da kommt niemand in Frage. Vielleicht ließe sich etwas mit seiner Bank machen, aber das kann Tage, Wochen dauern. Und wir haben keine Freunde in Luzon, wir haben sehr zurückgezogen gelebt. Und selbst gute Bekannte würden mir kein Geld schicken, sie hätten Angst, mit den Kommunisten in einen Topf geworfen zu werden.«

»Haben Sie es beim philippinischen Konsulat schon versucht?« fragte ich.

»Ja, ich bin sofort hingegangen, als ich das Telegramm bekommen hatte, aber sie haben es abgelehnt, mir zu helfen. Wenn mein Vater etwas mit Guerilleros zu tun

hat, haben sie gesagt, können wir nichts machen. Ich habe ihnen zu erklären versucht, daß es ein Irrtum ist, aber sie haben gar nicht hingehört.«
»Verstehe.« Ich ließ mein Glas langsam auf der verkratzten Tischplatte rotieren. Selbst in dem trüben Licht erkannte ich den bittenden Ausdruck in Tinas Augen. Ich sah darüber hinweg. »Es tut mir leid, Tina«, sagte ich. »Ich wünschte, ich könnte Ihnen helfen, aber ich muß Ihnen sagen, daß ich nicht mehr fliege. Sie sind falschen Informationen aufgesessen. Ich habe seit zwei Jahren in keinem Cockpit mehr gesessen.«
»Aber ich kann zahlen, ehrlich«, drängte Tina verzweifelt. »Wenn wir da sind, kann ich von Vaters Bank –«
»Machen Sie es mir nicht noch schwerer, nein zu sagen. Ich kann Ihnen nicht helfen, basta.«
»Aber – was soll ich denn tun?« Sie war den Tränen gefährlich nahe.
Ich kam mir in diesem Augenblick wie ein Schuft vor, aber ich hatte meine eigenen Sorgen. »Kommen Sie, ich besorge Ihnen ein Taxi«, sagte ich freundlich, »und Sie fahren zurück in Ihr Hotel. Vielleicht ergibt sich morgen irgendwas ...«
»Nein.«
»Tina, so geht das nicht. Wenn ich täte, was Sie von mir verlangen, oder wenn Sie einen anderen dafür finden, machen Sie sich strafbar, und diesen Ärger dürfen Sie sich nicht obendrein noch aufladen. Ich gebe Ihnen einen guten Rat: Gehen Sie morgen früh noch einmal zu Ihrem Konsulat und belagern Sie die Tür des Botschafters. Ich wette, daß er eine Möglichkeit findet, Ihnen zur Heimreise zu verhelfen.«
Ich war darauf gefaßt, daß sie protestieren, daß sie betteln

würde, aber sie seufzte nur resigniert und stand auf. Ich nahm ihren Arm und führte sie hinaus.
Es war sehr dunkel – die Straßenbeleuchtung auf der Jalan Barat ist äußerst dürftig – und noch ebenso schwülwarm wie am Nachmittag. Es herrschte wenig Verkehr. Ich wußte, daß an der nächsten Ecke ein Taxistand war, und lotste Tina in diese Richtung. Sie sah einmal zu mir auf, als wollte sie etwas sagen, überlegte es sich aber offenbar anders und hielt den Mund.
Wir waren ein paar Schritte gegangen, als ich hinter mir auf der Jalan Barat einen Wagen in raschem Tempo näher kommen hörte. Ich drehte mich neugierig um. Der Wagen, ein kleiner Brite, rollte gerade über die Kreuzung. Bremsen quietschten, der Fahrer riß das Steuer herum und stellte zehn Meter vor Tina und mir den Wagen quer zur Fahrbahn.
Die beiden vorderen Türen öffneten sich gleichzeitig, und zwei Männer sprangen heraus. In dem blassen gelben Licht des Tropenmondes konnte ich sie deutlich erkennen. Es waren die beiden Männer mit den schrägen Augen, die heute nachmittag Van Rijk begleitet hatten. Ich hatte noch Zeit für den Gedanken, daß er seine Drohung also doch wahr gemacht hatte. Dann war der Fahrer heran, und ich stieß Tina zur Seite. Er hatte den rechten Arm vor den Körper gelegt und schlug mit der Handkante, im Karatestil, zu. Ich riß den linken Arm hoch und fing den Hieb ab. Der Schwung seines Schlages hatte ihn aus dem Gleichgewicht gebracht und machte ihn angreifbar. Ich rammte ihm die gespreizten Finger meiner rechten Hand in den Bauch und nahm ihm so die Luft. Er taumelte röchelnd rückwärts und knallte auf den Gehsteig.

Inzwischen war auch der andere da, aber als er seinen Gefährten hinfallen sah, blieb er stehen, und ich sah, wie er unter seiner weißen Leinenjacke herumfummelte. Ich machte drei schnelle Schritte und schlug ihm mit der Handkante aufs Handgelenk. Er schrie auf, und die Kanone oder das Messer fiel mit einem metallischen Laut auf das Pflaster. Ich versetzte ihm zwei schnelle Hiebe ins Gesicht, drehte ihn um und rammte ihm die Spitze meines Ellbogens in die Nieren. Er taumelte blindlings vorwärts, prallte gegen die offenstehende Wagentür, rutschte daran herunter und lag still.
Ich warf noch einen Blick auf den anderen, aber der saß noch immer auf dem Gehsteig und hielt sich mit beiden Händen den Magen. Ich entspannte mich und atmete schnell und stoßweise. Tina war spurlos verschwunden. Sie mußte einen Mordsschrecken bekommen haben, und das tat mir leid. Sie hatte so schon genug Sorgen.
Ich hörte Rufe aus der Richtung des »Malaysian Gardens«, und als ich hinüberschaute, sah ich mehrere Leute auf uns zurennen. Ich überlegte, ob ich auf die *polis* warten sollte, aber dann entschied ich mich dagegen. Je weniger ich mit denen zu tun hatte, desto besser für mich. Auch wenn seit dem Ärger mit ihnen zwei Jahre vergangen waren – am Südchinesischen Meer hat man ein gutes Gedächtnis.
Was ich wegen Van Rijk unternehmen sollte, konnte ich mir später überlegen. Ich ging den Leuten entgegen.
Ein hochgewachsener Mann mit grauen Haaren führte sie an. »Was war hier los?« fragte er atemlos.
»Ein Unfall. Direkt vor meiner Nase.«
Er inspizierte den Ort des Geschehens. »Alles in Ordnung?«

»Ich denke schon.«
Ich drängte mich an ihm vorbei. »Wo wollen Sie hin?« fragte er.
»Die Polizei holen.«
Damit gab er sich zufrieden, und die Leute gingen weiter, um nach den beiden Männern aus dem britischen Wagen zu sehen. Ich überquerte die Straße und ging in westlicher Richtung davon, ohne mich noch einmal umzublicken.

Jemand war an der Tür.
Ich rollte mich auf dem schweißfeuchten Bettuch herum und machte die Augen auf. Es war Morgen. Die Sonne hing vor dem Schlafzimmerfenster meiner Wohnung in Chinatown wie ein orangefarbener Ball an glühenden Drähten. Ich machte die Augen wieder zu, blieb liegen und horchte auf das jetzt ungeduldige Klopfen. Ich horchte minutenlang, ohne mich zu bewegen, aber derjenige, der da vor der Tür stand, ging nicht wieder weg.
»Na schön«, rief ich schließlich. »Komme schon.«
Ich warf das Moskitonetz zurück und stand auf. Dann ging ich zu dem Stuhl neben dem Bett. Der Ventilator auf der Kommode hatte irgendwann in der Nacht den Geist aufgegeben, deshalb war es so stickig im Zimmer. Ich zog meine Khakihose an, ging zur Wohnungstür und machte auf.
Vor mir stand ein kleiner, drahtiger, dunkelhäutiger Typ mit weißem Tropenhelm, weißen Shorts, weißen Kniestrümpfen, schwarzen Schuhen und einer kurzärmligen Buschjacke. Er trug seine Uniform so stolz, wie das nur ein Malaie in dienstlicher Stellung fertigbringt.
»Sie sind Mr. Daniel Connell?« fragte er.

»Ja.«
»Inspektor Kok Chin Tiong von der *polis* Singapur. Ich möchte Sie sprechen.«
»Weshalb?«
»Darf ich hineinkommen?«
»Wenn Sie sich jedwede Bemerkung über meine Ordnungsliebe verkneifen.« Ich trat zur Seite.
Er ging an mir vorbei. Mitten im Zimmer blieb er stehen und sah sich um. Als ich die Tür zumachte, wandte er sich mir zu. Seine Augen waren ausdruckslos. »Kennen Sie einen gewissen La Croix, Mr. Connell? Einen Franzosen?«
Ich ging zur Kommode und nahm eine Zigarette aus der Packung, die dort lag. »Warum?«
»Kennen Sie ihn?«
»Vielleicht.«
»Wir haben zuverlässige Informationen, daß Sie gestern ein längeres Gespräch mit ihm geführt haben.«
Es war vermutlich das vernünftigste, ihm die Wahrheit zu sagen. Ich zuckte die Schultern. »Na schön, ich kenne ihn.«
»Und wie gut, bitte?«
»Wir haben uns ein paarmal getroffen.«
»Wie lange kennen Sie sich schon?«
»Zwei, drei Jahre.«
»Wie kam es zu dem gestrigen Treffen?«
»Es ging von ihm aus.«
»Was wollte er?«
»Er wollte mich anheuern.«
»Wozu?«
»Ich sollte ihn aus Singapur ausfliegen.«
»Zu welchem Bestimmungsort?«

»Das hat er mir nicht gesagt.«
»Singapur hat ausgezeichnete Flugverbindungen zu allen Hauptstädten der Welt«, sagte Tiong betont.
»Vielleicht hat er nicht sofort einen Platz bekommen.«
»Das war der Grund?«
»Er hat mir keinen Grund genannt.«
»Haben Sie den Auftrag übernommen?«
»Nein.«
»Warum nicht?«
»Ich fliege nicht mehr.«
»Ah ja«, sagte Tiong. »Da gab es vor zwei Jahren einen Zwischenfall, nicht wahr? Mit einer Maschine, die Ihnen gehörte.«
»Ja«, bestätigte ich kurz. »Einen Unfall.«
»Sie waren damals Mitbesitzer einer Luftfrachtgesellschaft, Connell & Falco Transport. Die Maschine, die von Ihnen gesteuert wurde, wenn ich recht unterrichtet bin, stürzte unter etwas seltsamen Umständen eines Nachts in einem entlegenen Dschungelgebiet ab. Sie erlitten keine ernsthaften Verletzungen, aber Ihr Partner, Lawrence Falco, kam bei dem Absturz ums Leben.«
Ich preßte die Lippen fest zusammen und sagte nichts.
»Was hatten Sie und Mr. Falco in dieser Gegend zu suchen, Mr. Connell? Und um diese Zeit? Ein Flugplan war nicht eingereicht worden.«
»Der Fall wurde damals gründlich untersucht«, sagte ich. »Ich habe alles zu Protokoll gegeben. Sehen Sie in die Akten.«
Er lächelte ein wenig. »Das habe ich bereits getan. Es ist die Rede davon, daß Sie und Mr. Falco Schmuggelgut geflogen haben. Unter anderem.«
»Es ist nichts bewiesen worden«, sagte ich langsam.

»Sehr richtig. Die Ladung war bis zur Unkenntlichkeit verbrannt«, meinte Tiong. »Trotzdem hat man Ihnen die Geschäftslizenz entzogen.«
Ich hatte genug. »Ich weiß nicht, warum Sie hier sind, Inspektor, aber was ich vor zwei Jahren getan oder nicht getan habe, ist ebenso tot wie Larry Falco. Ich habe mich seitdem in kein Cockpit mehr gesetzt und habe auch nicht die Absicht, es zu tun. Und jetzt möchte ich mich gern waschen und anziehen.«
Seine schwarzen Augen musterten mich einen Augenblick, dann legte er die Hände auf den Rücken und ging zum Fenster. Er sah auf die Punyang Street und die Flut der vorüberströmenden Chinesen hinunter. Nach einer Weile sagte er: »Ich wüßte gern, wo Sie sich gestern abend aufgehalten haben, Mr. Connell.«
Ich sagte es ihm. Er fragte, um welche Zeit ich »The Malaysian Gardens« betreten hätte und wann ich dort weggegangen sei. Auch das sagte ich ihm. Er wischte sich mit der Spitze seines Zeigefingers über die Oberlippe. »Kennen Sie die East Coast Road, Mr. Connell? Bei Bedok?«
»Ein wenig.«
»Der Franzose wurde dort kurz nach Mitternacht gefunden«, sagte Tiong. »Da war er etwa drei Stunden tot. Sie haben ihm übel mitgespielt und ihn dann mit einer Waffe vom Kaliber 25 durch die Schläfe geschossen.«
Sorgsam drückte ich meine Zigarette auf dem Glasaschenbecher aus, der auf der Kommode stand. »Was heißt übel mitgespielt?«
»Er wurde gefoltert«, sagte Tiong. »Offenbar sehr gezielt und ohne Gnade.«
Mein Nacken fühlte sich plötzlich unangenehm kalt an.

»Und Sie glauben, ich hätte etwas damit zu tun gehabt?« Er wandte sich vom Fenster ab und sah mich an. »Hatten Sie etwas damit zu tun, Mr. Connell?«
»Ich habe Ihnen gesagt, wo ich war.«
»Ja. Besitzen Sie eine Schußwaffe?«
»Nein.«
»Hätten Sie etwas dagegen, wenn wir Ihre Wohnung durchsuchen?«
»Tun Sie, was Sie nicht lassen können. Aber Sie verschwenden bei mir nur Ihre Zeit. Ich habe La Croix nicht umgebracht, ich hatte keinen Grund dazu. Aber ich kann mir denken, wer es gewesen sein könnte. Sie sollten sich mal näher mit einem gewissen Van Rijk beschäftigen. Jorge Van Rijk. Und stellen Sie ihm die Fragen, die Sie mir gestellt haben.«
Tiongs Augen verengten sich. »Was wissen Sie von Van Rijk?«
Ich legte nach wie vor keinen Wert darauf, mich in diese Sache reinzuhängen, aber der Tod von La Croix und die Art, wie er, wenn man Tiong glauben durfte, gestorben war, ließen mir keine Wahl. »Wir hatten gestern eine kleine Unterhaltung«, sagte ich. »Er wollte auch wissen, worüber La Croix und ich gesprochen hatten. Ich ließ mich auf nichts ein, und er hat mich bedroht. Er ist ziemlich deutlich geworden. Als ich gestern abend aus ›The Malaysian Gardens‹ kam, überfielen mich die beiden Männer, die ich in seiner Begleitung gesehen hatte. Sie haben aber auch nichts aus mir rausgekriegt.«
»Verstehe«, sagte Tiong nachdenklich.
»Sie kennen demnach Van Rijk?«
»Ich kenne ihn sehr gut.«
»Wer ist der Mann?«

Tiong zögerte einen Augenblick. Dann zuckte er die Schultern. »Angeblich ist Jorge Van Rijk Tabakhändler in Johore Bahru. Aber wir haben Grund zu der Annahme, daß er noch anderen, ebenso gewinnbringenden wie illegalen Tätigkeiten nachgeht. Außerdem sammelt er seltene Jade.«

Tiong hatte diese letzte Bemerkung deutlich betont. »Seltene Jade?« wiederholte ich.

»Ja. Sie haben von dem Diebstahl im Museum für Asiatische Kunst gehört?«

»Nein«, sagte ich.

»Er hat in allen Zeitungen Schlagzeilen gemacht.«

»Ich lese grundsätzlich keine Zeitungen.«

»Anfang letzter Woche«, erläuterte Tiong, »wurde eine unschätzbare Figur aus weißer Jade, der Burong Chabak, aus einer Ausstellung des Museums entwendet. Der Diebstahl ist äußerst geschickt durchgeführt worden und läßt auf sorgfältige Vorbereitung schließen.«

»Sie glauben, daß Van Rijk etwas damit zu tun hatte?«

»Mit Sicherheit sogar. Und wir sind auch davon überzeugt, daß der Franzose etwas damit zu tun hatte.«

So langsam dämmerte mir, worum es sich handelte. Ich wußte, daß La Croix einmal wegen Diebstahls in einem französischen Gefängnis gesessen hatte, er war bewandert in diesen Dingen. Und so, wie ich ihn kannte, hielt er nicht viel von dem berühmten Spruch von der Ehre unter Dieben. Es sah aus, als ob La Croix seinen Auftraggeber hatte aufs Kreuz legen wollen und dabei selber aufs Kreuz gelegt worden war. Das sagte ich Tiong, aber er war nicht besonders beeindruckt. »Möglich«, sagte er mit einer unverbindlichen Handbewegung.

»Haben Sie Van Rijk verhaftet?«

»Wir haben ihn bisher noch nicht gefunden.«
Mir fiel etwas ein. »Hören Sie, Tiong, wenn Sie das alles schon wissen, weshalb sind Sie dann überhaupt zu mir gekommen? Es sei denn, daß Sie sich einbilden, ich hätte etwas mit dem Manöver des guten La Croix zu tun.«
»Wir haben die Möglichkeit erwogen«, sagte Tiong sehr freundlich. »Sie sind schließlich als Transporteur von Schmuggelgut aktenkundig. Und Sie wurden an dem Tag, an dem er ermordet wurde, mit dem Franzosen gesehen. Verständlich, daß uns das interessiert, nicht?«
Ich merkte, wie mein Nacken rot anlief vor Wut. Wenn du da unten erst mal einen schlechten Ruf hast, wirst du ihn nicht wieder los. Sobald es irgendwo Ärger gibt und die *polis* dich in einem Umkreis von fünfzig Meilen aufspüren kann, kommt sie und nervt dich – wie jetzt dieser Tiong. »Sind Sie nun zufrieden?« fragte ich kalt.
»Vielleicht, vielleicht auch nicht. Haben Sie uns sonst noch etwas zu sagen?«
»Nein.«
Er blieb noch einen Augenblick stehen und versuchte, in meinem Blick zu lesen, und als ihm das nicht gelang, sagte er: »Na gut, ich will Sie nicht weiter aufhalten. Aber ich möchte Sie bitten, Singapur nicht zu verlassen, bis diese Sache aufgeklärt ist.«
»Das habe ich auch nicht vor.«
Er ging zur Tür und nickte kurz. »Dann *selamat jalan*, Mr. Connell.«
»Schon gut«, sagte ich und knallte die Tür zu.

Die Sonne brannte gnadenlos auf meinen nackten Oberkörper herunter. Meine Khakihose war klatschnaß von klebrigem Schweiß, und mein Nacken war fleckig und

wund von der *roote hond.*
Ich rollte das nächste Faß Palmöl vom Deck des *tongkang* über das breite Brett auf das Dock. Einer der chinesischen Kulis übernahm es und stellte es auf eine hölzerne Rutsche. Daneben wartete ein altertümlicher Gabelstapler.
Ich wischte mir mit dem Unterarm über die Augen und stellte mir vor, wie ein geeistes Bier schmecken würde, wenn wir hier fertig waren. Es war ein erfreulicher Gedanke, und er erfreute mich immer noch, als Harry Rutledge zu mir herüberkam.
»Wie läuft's?«
»Noch eine Stunde, dann haben wir's geschafft.«
»Du hast Besuch, alter Junge. Einen ungeduldigen Besuch.«
»Besuch?«
»Was Nettes, Knackiges. Ihr verdammten Amis habt doch immer Dusel«, sagte Harry.
»Eine Frau?«
Er nickte. »›Holen Sie Mr. Dan Connell‹, sagt sie zu mir. ›Es ist dringend.‹ Ich schätze es nicht, wenn die Puppen hier angerannt kommen und meine Jungs bei der Arbeit stören. Aber wie gesagt, sie ist richtig knackig. Jung. Bei so was konnte ich noch nie nein sagen.«
»Hat sie einen Namen genannt, Harry?«
»Tina, sagt sie. Tina Kellogg.«
Ich runzelte die Stirn. Ich hatte gehofft, sie nach meiner freundlichen, aber nachdrücklichen Ablehnung von gestern abend – und nach dem Zwischenfall auf der Jalan Barat – nie wiederzusehen. »Okay«, sagte ich zu Harry. »Wo ist sie?«
»In meinem Büro. Du kennst dich ja aus.«

»Danke, Harry.«
Er grinste. »Gern geschehen, alter Junge.«
Ich zog mein Hemd an, betrat das große, hohe Lagerhaus und arbeitete mich zwischen den aufgestapelten Tonnen und Kisten und Rutschen zu Harrys kleinem Büro durch.
Tina saß in dem Bambussessel am Fenster. Sie trug ein weißes Kostüm. Der Rock war sehr kurz und ließ bildschöne Beine sehen. Bei Tageslicht sah sie älter aus.
Als ich hereinkam, stand sie auf und lächelte zögernd. Ich sah, daß sie grüne Augen hatte, in denen eine verzweifelte Bitte stand. »Mr. Connell, ich ... es tut mir leid, daß ich Sie noch einmal belästige, aber ich habe mir Sorgen um Sie gemacht. Diese Männer gestern abend ...«
Ich bemühte mich um ein beruhigendes Lächeln. »Straßenräuber«, schwindelte ich. »Auf die muß man in Singapur immer gefaßt sein.«
»Ja«, sagte sie. »Ich hätte nicht weglaufen dürfen, aber ich hatte Angst.«
»Sie haben es ganz richtig gemacht.«
»Ja.« Sie setzte sich wieder und begann, nervös an ihren Fingern herumzuspielen.
Ich seufzte leise. »Ihre Sorge um mein Wohlergehen ist sehr schmeichelhaft, Tina, aber ich glaube, das ist nicht der einzige Grund für Ihren Besuch, stimmt's?«
Sie wurde rot. »Ich ... ich war noch einmal im philippinischen Konsulat, wie Sie mir geraten hatten, aber der Botschafter ist zu irgendeiner Konferenz in Manila und kommt erst in einer Woche zurück, und sein Mitarbeiter hat mir dasselbe erzählt wie gestern. Das hilft mir nicht weiter, ich ...«
Unvermittelt begann sie zu weinen. Ihre Schultern zuckten, und große, silbrige Tränen rollten über ihre Wangen.

Ich stand verlegen da und sagte nichts. Was hätte ich auch sagen sollen?
Ein gespanntes Schweigen breitete sich aus, denn wir wußten beide, was jetzt kommen würde. Ich merkte, wie scheußlich heiß es in dem kleinen Raum war. Endlich sagte Tina mit leiser Stimme: »Bitte helfen Sie mir, Mr. Connell. Ich weiß, was Sie gestern abend gesagt haben, aber ich kenne sonst keine Seele in Singapur. Ich weiß nicht, an wen ich mich wenden soll, und wenn ich nicht nach Hause kann, um meinem Vater zu helfen...«
»Tina«, sagte ich so schonend wie möglich. »Es gibt gute Gründe dafür, warum ich Ihnen nicht helfen kann. Mehrere Gründe. Erstens ist es verboten. Die Behörden sind auf mich sowieso nicht gut zu sprechen, sie haben mir zu verstehen gegeben, daß ich ausgewiesen werde, wenn ich mir noch etwas zuschulden kommen lasse. Außerdem war das gestern wörtlich zu nehmen, daß ich nicht mehr fliege. Ich habe keine Maschine mehr zur Verfügung. Schon deshalb könnte ich Sie nicht nach Luzon bringen.«
»Aber... irgend jemand hat mir erzählt, daß Sie auf einem aufgegebenen Flugplatz eine DC-3 stehen haben.« Sie rieb an den feuchten Stellen unter ihren Augen herum. »Ist die nicht mehr da?«
Ich sah sie nachdenklich an. Dann ging ich zu Harrys mit Papieren bedecktem Schreibtisch, setzte mich auf eine Ecke und holte eine Zigarette aus der Tasche. »Doch, die ist noch da.«
»Aber...«
Ich überlegte. Sorgfältig und genau. Es ist nicht meine Sache, dachte ich, es geht mich nichts an. Ich brauche mich da nicht reinzuhängen.
Dann sagte ich: »In Ordnung, Tina.«

»Sie werden mir helfen?«
»Ich werde Ihnen helfen.«
»Danke, Mr. Connell.« Sie stand auf und legte mir die Arme um den Hals. »Das werde ich Ihnen nie vergessen.«
Ich schob sie sanft von mir weg. »Wahrscheinlich benehme ich mich wie ein Riesentrottel, aber wenn Ihr Vater zu Unrecht angeklagt wird, wie Sie glauben, ist es das Risiko wert.«
In ihren Augen spiegelte sich Erleichterung. »Wann können wir starten?«
»Heute abend«, sagte ich. »Spät. So gegen elf. Es am Tag zu probieren, wäre Wahnsinn.«
»Wo treffen wir uns?«
Ich überlegte. »Kennen Sie die Esplanade auf der Cecil Street?«
»Ich denke schon.«
»Gut. Seien Sie um halb elf dort.«
»Ganz wie Sie wollen.« Sie sah mich an, dann gab sie mir einen leichten, raschen, töchterlichen Kuß. »Danke, Mr. Connell«, sagte sie noch einmal. Sekunden später war sie durch einen der Seiteneingänge verschwunden.

Am frühen Abend ging ein tropischer Regenguß nieder, der wohl zwei Stunden dauerte und nach dem die Luft sauber, klar und frisch roch. Aber um zehn, als ich meine Wohnung verließ, herrschte schon wieder drückende Schwüle.
Tina wartete im Schatten an der Esplanade, als ich zur Cecil Street kam. Statt des weißen Kostüms trug sie eine Männerhose aus Khaki und eine graue Buschjacke.
Wir begrüßten uns leise. Dann fragte ich: »Kein Gepäck, Tina?«

»Nein, ich wollte mich damit nicht belasten. Ich kann es mir später nachschicken lassen.«
Ich nickte. »Schön, dann kann's ja losgehen.«
Ich winkte eins der gelben Taxis heran, die in Massen die Straßen von Singapur bevölkern. Der Fahrer, ein bärtiger Sikh, stellte keine Fragen, als ich ihm unser Ziel nannte. Vermutlich wollten nur selten Fahrgäste in den entlegenen Jurong-Bezirk, den ich ihm nannte – außer Mangrovensümpfen und ein paar einheimischen *kampongs* gab es dort nicht viel –, aber wie alle tüchtigen Fahrer am Südchinesischen Meer hielt er den Mund und dachte sich sein Teil. Es wurde eine schweigsame Fahrt.
Um zehn Uhr fünfzig bogen wir in die Kelang Bahru Road ein, die zu dem aufgelassenen Flugplatz, Mikko Field, führt. Der Mond hing wie orangefarbene Brillantine am schwarzen Himmel, und die Straße war so hell, daß man ohne Licht hätte fahren können.
Als wir uns der Zufahrt näherten, nahm der Sikh Gas weg. »Soll ich direkt zum Mikko Field fahren, Sahib? Die Straße ist sehr schlecht.«
»Fahren Sie, so weit Sie kommen«, sagte ich. »Die letzte Strecke gehen wir dann zu Fuß.«
»Wie Sie wünschen, Sahib.«
Er bog in die Zufahrtsstraße ein. Sie war voller Schlaglöcher und mit hohem Gras und Schlingpflanzen überwuchert. Der Wagen kroch noch eine Viertelmeile, dann sah ich in dem hellen Mondlicht die lange, löcherige Rollbahn, die sich auf etwa drei Meter hohen steilen Erdwällen aus dem Mangrovendschungel erhob. Am oberen Ende, zu unserer Linken, waren die verfallenden Flughafengebäude, dahinter der große Hangar mit dem gewölbten Dach. Der Flughafen wurde nicht mehr benutzt, seit

die Japaner am Ende des Zweiten Weltkriegs aus Singapur vertrieben worden waren. Es gab kaum noch jemanden, der von seiner Existenz wußte oder der mit diesem Wissen etwas anfangen konnte.

Der Sikh bremste. Von hier ab war die Straße unpassierbar. Das Sumpfgras war hoch und dicht, und Efeu, Dornbüsche und wilder Wein bildeten eine Mauer, die wirksamer war als jede Sperre von Menschenhand. Der Sikh sah mich an. »Weiter kommen wir nicht, Sahib.«

»Das reicht.«

Tina und ich stiegen aus. Die Luft war erfüllt von dem Summen der Moskitos und der kehligen Musik der malaiischen Zikaden. Es roch nach faulender Vegetation und Regenfeuchte.

Ich bezahlte, bedankte mich bei dem Sikh und sah zu, wie er wendete und über die Zufahrtsstraße zurückfuhr, sah, wie seine Rücklichter immer kleiner wurden und schließlich ganz verschwanden. Dann blickte ich zum Flugplatz hinüber.

Tina hatte während der Fahrt kein Wort gesagt. Jetzt fragte sie fast atemlos: »Wohin?«

Ich fuhr mir mit der Zunge über die Lippen. »Mal angenommen ...«

Ich unterbrach mich und horchte. Das hohe Jaulen eines vierzylindrigen Automotors in niedrigem Gang war unverkennbar. Es kam immer näher. Ich sah mich um. Trotz des hellen Mondlichts war nichts zu erkennen, und doch war das Geräusch jetzt ganz nah. Sie kamen ohne Scheinwerfer.

Es überlief mich kalt. »Da kommt jemand«, sagte ich.

»Aber wer?«

»Ich weiß es noch nicht. Aber ich kann es mir denken.«

Ich griff nach ihrem Arm, und wir liefen auf die schützende Mangrovenhecke zu, doch sie hatten uns wohl vor dem hellen Himmel gesehen. Scheinwerfer leuchteten auf, und ich hörte das vertraute Quietschen von Bremsen. Ohne anzuhalten, wandten wir uns nach links und drangen in das hohe Sumpfgras am Straßenrand ein. Hinter uns ertönte ein heiserer Ruf. Ich zog Tina tiefer in den Dschungel hinein, der sich parallel zum Flugplatz erstreckte. Dornen ritzten meine nackten Arme, unsichtbare Schlingpflanzen zerrten an meinen Sachen, etwas Flüsternd-Kaltes wischte über mein Gesicht.
Wir waren etwa fünfzig oder sechzig Meter weit gekommen, als das Gras dünner wurde. Wir waren plötzlich ohne Deckung. Ich hörte, wie sich hinter uns zwei, vielleicht drei Männer durch den Morast kämpften, und sah mich verzweifelt um. Links führte die Zufahrtsstraße – hier relativ wenig überwachsen und vom Mondlicht überflutet – bogenförmig zu den Flughafengebäuden. Diese Richtung kam nicht in Frage. Es gab nur noch eine Möglichkeit: auf die Rollbahn hinauf. Die Flughafengebäude waren nur etwa hundert Meter weit weg. Wenn wir es bis dahin schafften, konnten wir uns verstecken und hatten eine Chance.
Ich schob Tina nach rechts, durch eine Gruppe von Büschen, auf den Erdwall zu. Der Boden war vom Regen durchweicht, aber es gelang uns, auf die Rollbahn hinaufzukommen.
»Lauf«, zischte ich Tina zu.
Wir liefen. Unsere schlammbedeckten Stiefel klatschten auf den Beton. Wieder hörte ich einen Ruf und das Dröhnen einer großkalibrigen Schußwaffe. Ich warf einen Blick über die Schulter. Zwei standen unten an dem

Erdwall, ich konnte ihre Gesichter nicht erkennen. Ein dritter befand sich dort, wo wir auf der Zufahrtsstraße angehalten hatten, im Scheinwerferlicht eines britischen Wagens. Er war es, der rief, und obgleich ich sein Gesicht nicht sehen konnte, wußte ich natürlich, daß es Van Rijk war.
Ich wandte den Kopf. Wir hatten die Flughafengebäude fast erreicht. Ein zweiter Schuß dröhnte, aber aus dieser Entfernung war die Gefahr eines Treffers nicht sehr groß. Das Gebäude, das uns am nächsten lag, war ein langgestreckter, rechteckiger Bau mit Flachdach. Dort waren die Personalquartiere gewesen. In den Fenstern war kein Glas mehr, und einige der hölzernen Seitenwände waren verrottet oder abgerissen worden, die Löcher wirkten wie Zahnlücken. Dahinter stand ein viel kleinerer, baufälliger Schuppen.
Dorthin lotste ich Tina. Wir bogen um die Ecke des langgestreckten Gebäudes und gingen an der Seite des Schuppens entlang. Hinten gähnte ein halbkreisförmiges Loch im Holz, es war wie der Eingang zu einer kleinen Höhle.
Ich blieb stehen und rang nach Luft. »Da hinein.«
Sie gehorchte sofort, ging in die Knie und kroch durch das Loch in den Schuppen hinein. Ich folgte ihr.
Dünne Streifen von Mondlicht warfen ein blasses, unregelmäßiges Muster auf den schuttgedeckten Boden. Der Schuppen war leer, es war schwül und feucht darin, wie in einem Treibhaus.
Tina atmete kurz und stoßweise. Sie kauerte auf den Knien, den Kopf gesenkt. Ich ließ sie hocken, wo sie war, kroch über den feuchten Holzboden nach vorn und spähte durch eins der kleineren Löcher. Ich hatte die

Rollbahn voll im Blick. Jetzt sah ich, wie die beiden Scheinwerferpaare rasch über die Zufahrtsstraße kamen, und merkte, wie sich die Spannung in meinem Körper ein wenig löste. Die Stelle, wo der englische Wagen und Van Rijk waren, konnte ich nicht erkennen, aber die beiden andern, die oben auf der Rollbahn waren, mußten ihn gesehen haben.
Leise kam das Geräusch von Bremsen, Türenschlagen, Rufen zu mir herüber. Sie hatten die Sirenen nicht eingeschaltet. Ein Teil der Rollbahn lag im hellen Scheinwerferlicht.
»Was gibt's?« Tina trat zu mir und sah ebenfalls hinaus. Sie war inzwischen wieder zu Atem gekommen.
»Die *polis* ist da, Tina«, sagte ich.
»Die *polis*?«
Ich beobachtete die beiden auf der Rollbahn. Der eine hatte sich geduckt und den Arm ausgestreckt, und ich sah die Waffe in seiner Hand, aber ehe er davon Gebrauch machen konnte, hörte man einen kurzen, scharfen Feuerstoß aus einer automatischen Waffe. Der Mann stürzte lang hin und blieb regungslos liegen. Der andere schwenkte nach rechts ab und bewegte sich gebeugt im Zickzackkurs vorwärts. Wieder spuckte die automatische Waffe. Er sprang, mit den Füßen voran, von der Böschung, wie ein olympischer Weitspringer. Man hörte drei Pistolenschüsse und dann wieder einen Feuerstoß aus der automatischen Waffe. Danach wurde es still.
Ich wandte mich um. »Es ist alles vorbei«, sagte ich.
Tinas Hand krallte sich in meinen Arm. »Das Flugzeug. Vielleicht haben wir noch Zeit, das Flugzeug zu erreichen, Mr. Connell...«
Ich richtete mich auf, legte die Hände flach auf die Knie

und sah sie an. »Es gibt kein Flugzeug, Tina.«
Ihr Gesicht war im Schatten, und ich konnte ihre Augen nicht sehen. »Das ... das verstehe ich nicht.«
»Hier steht keine Maschine. Schon seit zwei Jahren nicht mehr«, erläuterte ich.
Sie sah mich eine volle Minute lang wortlos an, dann griff sie plötzlich unter die Buschjacke, an den Gürtel ihrer Khakihose. Sie war sehr fix, und ehe ich reagieren konnte, hatte sie die Kanone schon auf meinen Bauch gerichtet. Die Waffe war in einem der blassen Mondstreifen deutlich zu sehen, eine belgische Automatic, Kaliber 25. »Ist das die Waffe, mit der Sie La Croix erschossen haben?« fragte ich ruhig. »Nachdem Sie ihn gefoltert hatten?«
Sie beugte sich vor, und jetzt sah ich ihr Gesicht. Der kleinmädchenhaft-verängstigte Ausdruck war daraus verschwunden. Vor mir stand eine kalte, harte, lebensgefährliche Frau. »Sie wissen also Bescheid«, sagte sie.
»Ich weiß es seit heute nachmittag, Tina«, erwiderte ich. »Es war eine gute Schau, die Sie da abgezogen haben, eine raffinierte kleine Komödie. Ich will gern zugeben, daß ich Ihnen gestern abend in ›The Malaysian Gardens‹ auf den Leim gegangen bin und auch heute nachmittag noch – jedenfalls eine Weile. Aber dann haben Sie einen Fehler gemacht, und danach dauerte es nicht mehr lange, bis ich alles durchschaut hatte.«
Ich beobachtete die Automatic, die regungslos in ihrer Hand lag. Ich fuhr fort:
»Sie sagten, einer dieser Leute, mit denen Sie angeblich gesprochen hatten, habe von einem aufgelassenen Flugplatz gesprochen, auf dem ich eine DC-3 stehen hätte. Aber Sie wußten nicht, konnten nicht wissen, daß es außer mir nur drei Männer – und später die *polis* – gab, die

von dem Flugzeug wußten, das einmal dort in dem Hangar gestanden hat. Einer dieser Männer war mein Partner in einer Luftfrachtfirma, und der ist seit zwei Jahren tot. Der zweite ist ein Deutscher namens Heinrich, der wegen Entführung zehn Jahre in einem Gefängnis in Djakarta absitzt. Und der dritte, der einzige, von dem Sie Ihre Weisheit haben konnten, war ein Franzose namens La Croix. Aber La Croix war auf der Flucht, er bemühte sich, aus Singapur wegzukommen. Der hätte sich zu diesem Zeitpunkt bestimmt nicht auf dem Raffles Square herumgedrückt, konnte also unmöglich zu dem Kreis derjenigen gehört haben, mit denen Sie angeblich gesprochen hatten.

Das hat mir zu denken gegeben, Tina. Und ich begann zu kombinieren. Aber um ganz sicherzugehen, habe ich, nachdem Sie heute nachmittag das Lagerhaus verlassen hatten, einen Besuch beim philippinischen Konsulat gemacht und ein paar gezielte Fragen gestellt. Dort hatte man noch nie etwas von einer Tina Kellogg gehört, ebensowenig von einem wegen kommunistischer Umtriebe verhafteten Import-Export-Kaufmann in Luzon. Daraufhin bin ich zu einem gewissen Inspektor Tiong im Polizeipräsidium gegangen und habe ihm die Sache erzählt, er hat ein bißchen recherchiert und einige hochinteressante Sachen ausgegraben. Die Tatsache zum Beispiel, daß Sie in Wirklichkeit Tina Jeunet heißen und gebürtige Kanadierin sind. Daß Sie – obgleich man Ihnen nie etwas beweisen konnte – vor zwei Jahren in England in den Diebstahl mehrerer wertvoller ungeschliffener Diamanten verwickelt waren. Und daß Sie im Juli in Brüssel waren, als dort einem Privatsammler ein echter Gauguin gestohlen wurde. Auch hier gab es keine Bewei-

se, aber für die Polizei bestand kein Zweifel.
Danach haben der Inspektor und ich uns lange und ausführlich über den Diebstahl der Jadefigur des Burong Chabak aus dem Museum für Asiatische Kunst unterhalten.
Ich schlug ihm vor, heute abend diese kleine Falle aufzubauen. Die Voraussetzungen hatte ich geschaffen, indem ich versprach, Sie nach Luzon zu fliegen. Wir haben nicht erwartet, daß auch Van Rijk hineintappen würde, aber es ist wohl alles gut gelaufen. Ich hätte Sie schon an der Esplanade verhaften lassen, wenn ich sicher gewesen wäre, daß Sie die Figur bei sich hatten, der Inspektor war da und wartete nur auf mein Zeichen. Ich war etwas überrascht, als ich sah, daß Sie das gute Stück nicht bei sich hatten und auch nicht unter einem Vorwand irgendwo anhielten, um es abzuholen. Aber dann fiel mir etwas ein, was La Croix mir vor zwei Tagen hatte erzählen wollen, aber ich hatte ihn unterbrochen. Ich bin überzeugt davon, daß er mir hatte sagen wollen, daß die Figur hier sei, in Mikko Field. Und Sie sind zu mir gekommen, um den Namen des Flugplatzes und das Versteck des Burong Chabak zu erfahren.«
Sie lächelte – eine verächtliche Krümmung der Lippen.
»Sie werden mich hinbringen«, sagte sie. »Sofort.«
»Seien Sie nicht albern, Tina. Es wimmelt hier von *polis*, an denen kommen Sie nicht vorbei.«
»*Wir* kommen an ihnen vorbei«, sagte sie betont.
Ich lächelte in der Dunkelheit. »Wenn Sie glauben, Sie könnten mich als Geisel benutzen, muß ich Sie enttäuschen. Der Polizei liegt nicht das geringste an mir.«
»Wir werden sehen.«
»Nein«, sagte ich. »Das werden wir nicht.«

Sie machte eine Bewegung mit der Automatic, und genau darauf hatte ich gewartet. Ich nahm die linke Hand vom Knie und schwang sie mit geöffneter Handfläche nach oben. Die geschlossenen Finger trafen den Lauf der Automatic und stießen ihn nach oben. Ein Schuß dröhnte, als sie im Reflex abdrückte, ich spürte einen sengenden Schmerz an meinem Unterarm, aber die Kugel landete irgendwo im Schuppendach. Ich packte mit der Rechten Tinas Handgelenk und drückte zu. Sie schrie auf vor Schmerz, und die Waffe fiel zu Boden.

Ich ging rückwärts ein Stück von ihr weg und hob die Automatic auf, dann richtete ich mich auf und schob die Waffe in meinen Gürtel. Mein Arm war wund von dem Streifschuß und brannte, aber es war wohl nichts Ernstes. Ich linste durch eine der Lücken in der Bretterwand. Vier Männer waren jetzt auf der Runway, einer hatte ein MG, die anderen hatten ihre Pistolen gezogen. Inspektor Kok Chin Tiong lief voraus. Ich wandte mich um und sah Tina Jeunet an. Sie hockte auf dem Boden, Haß sprühte aus ihren Augen. »Auf«, sagte ich.

Sie regte sich nicht. Ich zuckte die Achseln. Ich war hundemüde, und es war jetzt nicht mehr wichtig. Ich ging nach hinten, kroch durch das Loch und näherte mich der Runway. Die Männer hielten inne, und Tiong kam auf mich zu. Er war außer Atem. »Alles in Ordnung, Mr. Connell?«

»Danke der Nachfrage. Alles in Ordnung.«

»Und die Frau?«

»Im Schuppen. Unverletzt.«

Tiong sagte auf malaiisch etwas zu seinen Leuten. Einer von ihnen nickte und lief auf den Schuppen zu.

»Was ist mit Van Rijk?« fragte ich.

»Verhaftet.«
»Und die beiden andern?«
»Tot.«
»Hätte mir auch passieren können«, sagte ich. »Sie haben sich ziemlich viel Zeit gelassen.«
Er lächelte. »Als Ihr Taxi von der Esplanade wegfuhr, sahen wir, daß ihm mit abgeblendeten Scheinwerfern ein Wagen folgte, in dem drei Männer saßen.«
»Und Sie kombinierten, daß das Van Rijk sein müßte«, sagte ich.
»Ja.«
»Warum haben Sie ihn nicht einfach festgenommen?«
»Wir wollten ihm ein bißchen Leine lassen. Um so leichter, dachten wir uns, würde er sich in der eigenen Schlinge fangen.«
»Hm«, sagte ich. Ich angelte die Automatic aus dem Gürtel und gab sie ihm, mit dem Kolben voran. Er nahm sie mit einer höflichen Bewegung entgegen und reichte sie an einen seiner Männer weiter.
Aus dem Schuppen hörte man ein Geräusch. Der Polizist brachte Tina Jeunet. Er hatte ihr Handschellen angelegt und führte sie zu der Zufahrtsstraße, wo die Polizeifahrzeuge warteten.
Ich sah ihnen einen Augenblick nach, dann wiederholte ich, was ich wegen des Burong Chabak zu Tina Jeunet gesagt hatte. Tiong nickte stumm.
»Ich denke mir«, sagte ich, »daß wir die Figur in einem Versteck finden werden, das La Croix und ich vereinbart hatten, als wir noch miteinander im Geschäft waren. Er hinterlegte dort die Zahlungen, wenn alles gutgegangen war.«
Ich führte Tiong zu zwei großen, stark korrodierten

Tanks, in denen früher Treibstoff gelagert worden war, im hinteren Teil des Hangars. Dort war unter einer Laubschicht eine Holzkiste in den Boden eingelassen, die Ventile für die Wasserversorgung des Flugplatzes enthielt.
In dieser Kiste war der Burong Chabak.

Den Rest erfuhr ich am nächsten Morgen in Tiongs kleinem Büro im Präsidium. Es war etwa so, wie wir es uns am Nachmittag des Vortages zusammengereimt hatten, nachdem Tina Jeunet mich in dem Lagerhaus aufgesucht hatte.
La Croix und Tina hatten den Museumsdiebstahl ausgeführt, aber ausgegangen war das Ganze von Van Rijk. Statt den Burong Chabak hinterher Van Rijk zu übergeben, hatten die beiden beschlossen, ihren Auftraggeber auf die Matte zu legen. Das hätte auch geklappt, wenn La Croix nicht seinerseits auf die Idee gekommen wäre, die Figur für sich an Land zu ziehen, so daß Tina praktisch in der gleichen Lage war wie Van Rijk.
Und dann war La Croix zu mir gekommen. Jemand, der wußte, daß Van Rijk nach Tina und La Croix suchte, hatte La Croix im Gespräch mit mir gesehen und Van Rijk einen Tip gegeben. Er wußte natürlich, daß er angeschmiert worden war, glaubte aber nach wie vor, daß La Croix und Tina an einem Strang zögen. Er dachte sich nun, ich würde ihn zu La Croix und Tina und damit letztlich auch zu der Jadefigur führen.
Tiong hatte mir gesagt, daß La Croix gegen neun ermordet worden war. Wäre Van Rijk der Täter gewesen, hätte er keinen Grund gehabt, mich um elf überfallen zu lassen, er hätte die Information, auf die er aus war, inzwischen

schon aus La Croix herausgeholt.
Demnach – darüber waren Tiong und ich uns einig gewesen – hatte nicht Van Rijk den Franzosen umgebracht. Blieb nur noch Tina Jeunet. Sie hatte sein Versteck gefunden und ihn gefoltert. Er gestand, daß er die Figur auf einem aufgelassenen Flugplatz verborgen hatte, an einer Stelle, die nur ihm und mir bekannt war. Aber er war gestorben, ehe er ihr den Namen des Flugplatzes und das Versteck hatte verraten können. Tina Jeunet hatte ihn in blindem Zorn durch die Schläfe geschossen, und dann war sie zu mir gekommen.
Das war alles.
Dort, in Tiongs Büro, sah ich die Jadefigur zum erstenmal. Die kunstvolle Schnitzarbeit stellte einen Nachtvogel – eben den Burong Chabak – im Flug dar, mit ausgebreiteten Flügeln, den Kopf vorgereckt wie im Sturm. Der Vogel selbst war aus weißer Jade, der reinsten, edelsten Jade, die es gibt, der eckige Sockel, auf dem er ruhte, bestand aus dunkelgrüner Jade.
»Ist er nicht schön?« fragte Tiong, nachdem ich die Figur ausgiebig betrachtet hatte.
Ich sagte nichts. Sie fühlte sich kalt, abstoßend kalt an in meinen Händen.
»Wieviel ist sie auf dem Schwarzmarkt wert?« fragte ich. »Sagen wir, für einen Sammler, der anonym zu bleiben gedenkt?«
»Etwa vierhunderttausend Straits-Dollar«, erwiderte er. »Genau kann ich es natürlich nicht sagen.«
»Also etwa hundertfünfzigtausend US-Dollar«, fuhr ich fort. »Deshalb wollte Tina Jeunet nach Luzon. Sie hatte dort einen Käufer.«
»Ganz recht.« Tiong sah mich über den Schreibtisch

hinweg nachdenklich an. »Das ist eine Menge Geld, da könnte jeder schwach werden.«

»Ja«, sagte ich.

»Und doch haben Sie sich entschlossen, die Polizei zu verständigen, als Ihnen der Verdacht gekommen war, daß Tina Jeunet die Figur haben könnte. Angesichts Ihrer Vergangenheit war ein solcher Bürgersinn kaum zu erwarten. Warum, Mr. Connell?«

»Hauptsächlich wegen Larry Falco«, sagte ich.

»Ihr früherer Partner, nicht wahr?«

»Ja, das war mein Partner, und er ist tot«, sagte ich. »Ein netter Kerl, mit vernünftigen Vorstellungen davon, wie man sich mit einer Luftfrachtgesellschaft ein gutes Leben machen kann. Und er ist tot, weil ich andere Vorstellungen hatte – zum Beispiel den Transport von Schmuggelgut zu einem kleinen Flugplatz, der in schlechtem Zustand war. Larry versuchte, es mir auszureden, aber ich habe nicht auf ihn gehört. Ich würde die Landung schon hinkriegen, sagte ich. Ich habe mich geirrt, und dieser Irrtum hat Larry das Leben gekostet. Von Rechts wegen hätte es mich treffen müssen.«

Tiong schwieg lange. »Ich verstehe«, sagte er schließlich. Aber ich glaube, er hat gar nichts verstanden.

Der Schlichter

Edward D. Hoch

Arthur Urah war schlank, groß und hatte gepflegtes, dichtes weißes Haar. Er hatte die Allüren eines Aristokraten und trug nur Seidenhemden, auf deren Brusttasche sein Monogramm A. U. eingestickt war. Man nannte ihn deshalb in seiner Branche auch »Arthur den Unparteiischen«. Das war ein vorzüglicher Name; er paßte hundertprozentig zu ihm.

Er war noch nie im Hotel Brenten gewesen. Das Gebäude lag in der Altstadt, und das Hotel stand ein gutes halbes Jahrhundert. Bedeutende Persönlichkeiten stiegen dort schon lange nicht mehr ab. Deshalb fiel um so mehr auf, daß ein Mann wie Arthur Urah an einem Sonntagnachmittag die Hotelhalle betrat und auf die Rezeption zuschritt.

»Ich bin hier mit ein paar Leuten verabredet«, teilte er dem Portier mit, einem schmächtigen Burschen mit spekkig glänzender Montur, der auf einem Zahnstocher kaute. »Mein Name ist Arthur Urah.«

»Ah, selbstverständlich! Zimmer 735. Sie werden erwartet!«

»Danke«, erwiderte Urah knapp, stieg in den altersschwachen Fahrstuhl und ließ sich in das siebente Stockwerk hinauftragen.

Von den Wänden des Korridors blätterte die Ölfarbe ab.

Ein verstaubter Feuerlöscher hing an einem Aluminiumbügel. Arthur Urah nahm die Verfallserscheinungen mißbilligend zur Kenntnis, ehe er leise an die Tür von Nummer 735 klopfte.
Man öffnete ihm sofort. Ein junger Mann mit glänzenden schwarzen Haaren und vollen, schmollend aufgeworfenen Lippen ließ ihn ins Zimmer. Arthur Urah kannte diesen Typ. Er hatte fast sein ganzes Leben lang mit solchen Leuten zu tun gehabt.
Das Zimmer war nicht weniger schäbig als die Korridore und der Aufzug. Man hatte das große Doppelbett an die Wand geschoben, um in der Mitte mehr Platz und Bewegungsfreiheit zu schaffen. Eine Staub- und Rußschicht verriet, wo das Bett zuvor gestanden hatte.
»Arthur! Ich freue mich, dich mal wiederzusehen!« Ein Mann kam auf Urah zu und schüttelte ihm die Hand. Das war Tommy Same, eine in gewissen Kreisen der Stadt sehr bekannte Persönlichkeit.
Arthur Urah mochte Tommy ganz gern; obwohl er sich in seinen Entscheidungen nie von persönlichen Gefühlen leiten ließ. »Wie geht es dir, Tommy? Was macht die Familie?«
»Gut geht es ihr, gut! Ich bin froh, daß du die Sache schlichten sollst, Arthur.«
Urah lächelte. »Ich verkaufe keine Sympathien, Tommy. Ich bin für beide Parteien da.«
Die andere Partei hieß Fritz Rimer, ein kleiner, glatzköpfiger Mann mit großen, ängstlichen Augen. Man sah ihm sofort an, daß er sich hier als Außenseiter fühlte. »Sehr erfreut, Sie kennenzulernen«, sagte er und schluckte nervös. »Es ist mir sehr unangenehm, daß Sie Ihren Sonntag opfern müssen, Mr. Urah.«

»Das ist ja sein Beruf!« rief Tommy Same. »Wir beide haben einen Streit, und Arthur ist hierhergekommen, um ihn zu schlichten. Er ist ein Schiedsmann, wie man sie auch bei der Gewerkschaft oder in der Industrie hat.«
Arthur Urah deutete auf die Tür. »Ich bin nicht gewohnt, mit einer Pistole im Rücken Streitigkeiten beizulegen. Schickt den Jungen hinaus!«
Tommy Same spreizte die Hände, als wolle er sie in Unschuld waschen. »Du kennst doch Benny. Sein Vater war früher mein Chauffeur. Benny ist kein Kind mehr. Er kann sich beherrschen.«
Urah betrachtete den jungen Mann mit unverhohlenem Widerwillen. »Schickt ihn raus«, wiederholte er. »Er kann so lange im Korridor warten.«
Tommy gab Benny ein Zeichen, und dieser verließ das Zimmer.
»Zufrieden?«
Urah nickte kurz und strich sich über das Haar an seiner rechten Schläfe. »Wer ist noch da? Jemand nebenan?«
»Nur Sal. Die wird uns bestimmt nicht stören.«
Urah ging zur Verbindungstür und öffnete sie. Sally Vogt lümmelte in einem Sessel und blätterte in einer Illustrierten. »Hallo, Arthur!« begrüßte sie ihn. »Ich vertreibe mir nur ein bißchen die Zeit.«
Er schloß die Tür wieder und drehte sich um. »Schön, sie kann bleiben. Aber sonst niemand. Sagt dem Portier Bescheid, er soll niemanden herauflassen, bis wir hier fertig sind.«
»Ich hab ihm das schon eingeschärft.«
Arthur Urah öffnete die kleine Dokumentenmappe, die er mit ins Hotel gebracht hatte, und zog einen Notizblock

heraus. »Wir setzen uns jetzt alle drei an diesen Tisch. Da Fritz Kläger ist, darf er auch zuerst sprechen.«
Der Tisch, den das Hotel für diese Gelegenheit zur Verfügung gestellt hatte, war ein alter Spieltisch mit wackligen Beinen. Die drei saßen auf den Stühlen mit den steifen Lehnen wie Pokerspieler, die auf ihre Chips warten.
Fritz Rimer räusperte sich laut und spielte nervös mit einem Bleistift. »Ich glaube, wir wissen ja alle, worum es geht.« Er sank schweigend in sich zusammen, als werde er sich jetzt erst richtig bewußt, wie klein und unbedeutend er war.
»Erzählen Sie uns trotzdem, was Sie für Beschwerden haben«, drängte Urah ihn sanft.
»Es gibt in dieser Stadt sechsunddreißig Wettbüros, wo man auf Pferde und Boxkämpfe Wetten abschließt. Vor zwanzig Jahren, als ich in diesem Geschäft anfing, gab es hier sechsunddreißig unabhängige Buchmacher in diesen sechsunddreißig Wettbüros. Wir kannten uns alle, und wir halfen uns auch gegenseitig. Wenn die Polizei mal hier und da eingriff und einen Laden dichtmachte, sprangen wir alle für den Kollegen ein und unterstützten ihn so lange, bis er wieder auf eigenen Füßen stand. Wir waren eine große Familie, verstehen Sie?«
Tommy Same rutschte unruhig auf seinem Stuhl hin und her. »Ich bin zu Tränen gerührt, Fritz. Komm zur Sache.«
»Schön. Vor einem Jahr kamen Tommy Same und ein paar Leute vom Syndikat, mit denen er befreundet war, in die Stadt. Er machte uns Konkurrenz und riß allmählich das ganze Wettgeschäft an sich. Ein paar Wettbüros wurden gewaltsam aus dem Geschäft gedrängt und dann für ein Butterbrot aufgekauft. Von anderen wieder verlangten sie

eine fette Beteiligung und schickten ein paar Aufpasser hin, damit sie den Anteil auch wirklich bekamen und den Profit eintreiben konnten. Heute ist das Syndikat Geschäftspartner in fünfunddreißig Wettbüros in unserer Stadt. Nur ein einziges ist noch selbständig – meines.«
Arthur Urah nickte. »Und jetzt will er Ihren Laden auch noch übernehmen?«
»Richtig! Er schickte in der vergangenen Woche diesen Benny bei mir vorbei. Aber ich sagte ihm, heute zögen die Methoden nicht mehr wie früher. Ich lasse mich nicht so leicht einschüchtern. Wenn er mich umbringen will, kann er das zwar tun; aber damit besiegelt er auch sein eigenes Ende.« Während der kleine, kahlköpfige Mann seine Klage vorbrachte, röteten sich seine Wangen, und seine Worte gewannen an Kraft und Autorität. Der Kleine hatte Mut. Keiner seiner Kollegen hatte es gewagt, Tommy Same die Stirn zu bieten. Er als einziger hatte sich widersetzt, auch wenn ihn das sein Leben kosten konnte.
Tommy Same räusperte sich ebenfalls. »Wann darf denn ich auch mal was sagen? Willst du dir den ganzen Nachmittag anhören, was der Kerl da verzapft?«
Urah lächelte dünn. »Du bekommst jetzt Gelegenheit, dich zu äußern, Tommy. Sagt Fritz die Wahrheit? Versuchst du, sein Büro ebenfalls zu übernehmen?«
Tommy Same lehnte sich zurück und runzelte die Stirn. »Ich sehe das anders. Das ist wie bei einer Gewerkschaft, Arthur. Wir müssen alle zusammenhalten, um uns vor dem Gesetz, vor Versagern und gelegentlich auch Betrügern zu schützen. Wenn alle sechsunddreißig Wettbüros in der Stadt zu einer Art von Syndikat zusammengeschlossen sind, hat das für jeden nur Vorteile.«
»Ist das alles, was du zu deiner Verteidigung vorzubrin-

gen hast?«
»Ja, Arthur. Ich dränge nämlich niemanden gewaltsam aus dem Geschäft. Ich leiste wertvolle Dienste, und dafür möchte ich auch einen gewissen Prozentsatz von den Einnahmen haben.«
»Hast du Fritz in irgendeiner Weise bedroht oder eingeschüchtert?«
»Hör mal, wir leben doch nicht mehr in den zwanziger Jahren! Wenn ich ihn wirklich eingeschüchtert oder bedroht hätte, wärst du nicht hier. Meinst du, ich hätte zugelassen, daß man dich als Schiedsrichter ruft? Meinst du, daß Capone oder einer von seinen Bossen gewartet hätte, daß jemand ihre Probleme schlichtet?«
»Du bist nicht Capone«, erwiderte Arthur sanft.
»Nein, aber ich habe einen klaren Verstand. Ich weiß, wie wichtig es ist, wenn wir alle zusammenhalten. Wenn Rimer unabhängig bleibt, werden auch alle anderen bald wieder ihre eigenen Wege gehen. Und was geschieht dann? Es herrschen wieder die alten Verhältnisse, als die Bullen ein Wettbüro nach dem anderen ausschalten konnten.«
So ging es noch eine gute Stunde fort. Jede Partei beharrte auf ihrem Standpunkt. Arthur Urah hatte das alles schon ein dutzendmal gehört – die gleichen Argumente, nur in einem anderen Zusammenhang. Allmählich hatte der Dialog eine geradezu einschläfernde Wirkung. Das Ganze widerte ihn manchmal an. Da saßen nun zwei kleine Ganoven, der Abschaum der Gesellschaft, in einem schäbigen Hotelzimmer an einem schäbigen Tisch, und er mußte sich ihr dreckiges Gewäsch anhören. Vor einem Jahr hatte man ihn als Schiedsrichter bestellt, als zwei große Bosse in Brooklyn sich über die Grenzen ihres

Machtbereiches stritten. Es war ihm gelungen, diese gefährliche Situation zu meistern und eine friedliche Regelung zwischen den beiden zu erreichen. Seit diesem Tag war sein Ruf als unparteiischer Richter in Gangsterkreisen gefestigt. Er hatte sich nie nach dieser Rolle, die Streitigkeiten der Unterwelt zu schlichten, gedrängt. Er hatte seinen Ruf auch nie voll akzeptiert. Doch er konnte sich seiner Rolle nicht mehr entziehen, hatte inzwischen noch ein halbes Dutzend Streitfälle mit großem Erfolg geschlichtet. Er war jetzt Arthur Urah, Schiedsrichter der Unterwelt, der gerechte Unparteiische, den man immer anrief, wenn man ein Blutvergießen vermeiden wollte oder mußte.

»Ich glaube, das genügt jetzt«, sagte er schließlich und schob seinen Stuhl vom Tisch weg. »Ich glaube, ich habe genügend Material, um eine Entscheidung fällen zu können.«

»Wann?« fragte Rimer.

»Laßt mich eine Weile allein, damit ich in Ruhe überlegen kann.«

Sie verließen beide das Zimmer. Rimer ging auf den Korridor hinaus. Tommy Same marschierte durch die Zwischentür hinüber zu seiner Freundin, die im Nebenzimmer auf ihn wartete. Urah erhob sich und streckte sich gähnend. In diesem Moment spürte er die Last seiner dreiundfünfzig Jahre. Er ging ans Fenster und blickte hinunter auf die Straße. In der brütenden Stille des Sonntagnachmittags lag sie da unten wie ein verwaister Strand, öde und bedrückend.

Während er am Fenster stand, hörte er hinter sich leise Schritte. Tommy Same ging über den Teppich auf ihn zu. Er legte Urah den Arm um die Schultern und redete wie ein Bruder auf ihn ein: »Du und ich – wir wissen, wie man solche Dinge anpacken muß. Nicht wahr, Arthur? So ein kleiner Ganove wie Rimer plustert sich auf, als wäre er sonstwer! Und da muß man sich auch noch an einen Tisch mit ihm setzen, statt ihm die Zähne zu zeigen. Man sollte ihm ...«

»Die Zeiten haben sich geändert, Tommy.«

»Das ist es ja! Deswegen habe ich die Wettbüros in der Stadt ja alle unter einen Hut gebracht! Die Tage des unabhängigen Buchmachers sind vorüber.«

»Fritz Rimer ist da anderer Meinung.«

Tommy nahm den Arm wieder von Urahs Schulter. Er war fast einen Kopf kleiner als der Schiedsrichter der Unterwelt, und irgendwie erinnerte er Urah jetzt an den verlorenen Sohn, den er nie gehabt hatte. »Hör zu, Arthur. Tu Rimer einen Gefallen! Sag ihm, er ist erledigt. Damit rettest du ihm das Leben.«

»Tommy, du deutest hier etwas an, was ich nicht gehört haben will.«

»Ich sage dir nur, wie die Dinge in dieser Stadt nun einmal stehen. Ich möchte nicht, daß jemand das Gesicht verliert. Deswegen mache ich ja auch dieses Spiel mit dem Unparteiischen mit. Damit tue ich allen einen Gefallen. Aber ich kann es mir nicht leisten, das Spiel zu verlieren. Wenn Rimer recht bekommt, laufen mir auch alle anderen fünfunddreißig Buchmacher wieder davon. Nicht eine Woche könnte ich sie noch bei der Stange halten.«

»Wirklich?«

»Wenn du also gegen mich entscheidest, Arthur, muß Rimer es ausbaden. Dann stehe ich nämlich mit dem Rücken zur Wand, verstehst du? Es gibt für mich gar keinen anderen Ausweg.«

»Es wäre Wahnsinn von dir, so etwas auch nur zu versuchen.«

»Arthur... ich habe Benny schon instruiert. Er wartet draußen im Korridor. Wenn du entscheidest, daß Rimer sein Geschäft unabhängig betreiben darf, wird er dieses Hotel nicht mehr lebend verlassen.«

Urah starrte hinunter auf die Straße. Ab und zu kroch ein Wagen über den Asphalt. Die Nachmittagssonne warf lange, bläuliche Schatten über Gehsteige und Fassaden. Der Abend kündigte sich bereits an.

»Geh hinaus«, sagte Arthur Urah zu Tommy. »Ich werde so tun, als hätte ich das alles nicht gehört.«

»Wie du meinst, Arthur.«

Er verließ das Zimmer wieder, und es wurde so still wie zuvor. Urah setzte sich an den Spieltisch und machte sich Notizen. Zehn Minuten hatte er so schreibend und nachdenkend verbracht, als ein zweiter Gast ins Zimmer kam – diesmal durch die Zwischentür.

Er blickte auf und lächelte. »Hallo, Sal!«

Sally Vogt war eine recht hübsche Blondine, die sich hartnäckig wehrte, die Dreißig zu überschreiten. Die meiste Zeit gelang ihr das auch, was sie vor allem ihrem Friseur zu verdanken hatte. »Was hast du denn in der letzten Zeit getrieben, Arthur?«

»Oh, Leute an einen Tisch gebracht. Frieden gestiftet.«

»Das meine ich nicht. Wir haben uns doch früher ganz gut verstanden – damals im Club.«

»Oh, das liegt schon lange zurück. Wir verkehren jetzt in unterschiedlichen Kreisen.«

»Arthur...«

»Ja?«

Sie trat von einem Bein auf das andere und blickte hinunter auf den Teppich.
»Tommy schickt mich. Ich soll mit dir reden. Er meint, er hat seine Sache miserabel vertreten.«
»Das stimmt.«
»Er sitzt in der Klemme, Arthur. Wenn er die Kontrolle über die Wettbüros verliert, ist er so gut wie erledigt. Man gibt keinem in der Organisation eine zweite Chance.«
Urah zuckte die Achseln. »Vielleicht schickt man ihn in die Wüste und gibt Fritz Rimer seinen Posten.«
»Das ist ein schlechter Witz, Arthur.«
»Nein. Will er Rimer tatsächlich umbringen lassen?«
»Unsinn!«
»Weshalb hat er dann Benny mitgebracht? Um den Leuten Respekt einzuflößen?«
Sie zündete sich eine Zigarette an, inhalierte tief. »Benny ist noch aus der guten alten Zeit übriggeblieben. Tommy hat ihn geerbt – wie alles andere in der Stadt auch.«
»Alles hat er nicht geerbt.«
»Arthur, Arthur! Du bist hier nicht in Brooklyn, wo die großen Bosse sitzen. Dort konntest du Lorbeeren ernten, weil du ihre Zwistigkeiten geschlichtet hast. Doch niemand kümmert sich darum, was in dieser Stadt geschieht. Gib Tommy recht und überlaß ihm Rimers Laden. Dann herrscht endlich Frieden in der Stadt.«
»Aber du hast doch eben gesagt, daß Tommys Bosse sich um Tommy Sorgen machen. Deshalb ist mein Schiedsamt gar nicht so unwichtig für ihn, wie du behauptest.«
»Wieviel verlangst du, damit du Tommy gewinnen läßt, Arthur?«
Urah strich sich mit der Hand über die Augen. »Zuerst Tommy und jetzt du. Wer kommt als nächster? Benny mit

seiner Kanone?«
Sie gab keine Antwort. Sie sagte nur: »Wahrscheinlich triffst du noch heute nachmittag eine Entscheidung – oder?«
»Richtig. Ich sehe keinen Grund, weshalb ich sie aufschieben sollte. Am besten, du rufst die beiden gleich herein.«
Während er auf Rimer und Tommy Same wartete, steckte der Portier den Kopf durch die Tür. »Ein paar von den Bossen sind hier eingetroffen und warten unten in der Halle. Sie lassen fragen, wie lange es noch dauern wird.«
»Nicht mehr lange«, erwiderte Urah gereizt. Er konnte es nicht leiden, wenn man sich in seine Angelegenheiten einmischte. Ihr Eintreffen im Hotel bedeutete, daß jemand ihm nicht ganz traute – oder ihm nicht zutraute, daß er die Lage meisterte.
Fritz Rimer kam zuerst herein. Er war allein, konnte Urah kaum in die Augen sehen. Er scharrte nervös mit den Füßen auf dem abgewetzten Teppich.
»Es sieht schlecht für mich aus, nicht wahr?«
»Nicht so schlecht.«
»Selbst wenn ich gewinne, verliere ich. Er wird mich töten – ich weiß es.«
»Warum hast du dich dann nicht gegen ihn gewehrt? Oder warum hast du nicht das Feld geräumt, wenn du zu feige bist?«
»Hier ist meine Heimat, meine Existenz. Ich kann nicht tatenlos zusehen, wie man meine Existenz ruiniert. Jeder wehrt sich, wie er kann.«
Tommy Same und Sal traten ins Zimmer. Sie stellte sich hinter seinen Stuhl, während sie beide auf Arthur Urahs Schiedsspruch warteten. Er räusperte sich und schaltete

eine der Tischlampen ein. Es war schon dämmrig im Zimmer.
»Ich habe beide Standpunkte erwogen«, fing Urah bedächtig an, »und mich bemüht, eine faire Entscheidung zu treffen.« Er räusperte sich zum zweitenmal. Sally Vogt sah ihn an und versuchte, ihm durch Zeichen irgend etwas mitzuteilen. Aber Urah achtete nicht auf sie. »Mein Spruch lautet folgendermaßen: Fritz Rimer hat das Recht, so lange in seinem Geschäft zu bleiben, wie er es wünscht. Wenn er sein Wettbüro verkaufen will oder aus dem Leben scheidet, fällt sein Büro an Tommys Syndikat. Doch bis dahin wird Rimer alleiniger Eigentümer und Geschäftsführer seines Büros bleiben.«
Tommy lehnte sich zurück und sagte nichts.
Rimer stand auf. Er zitterte: »Vielen Dank, Mr. Urah. Vielen Dank für nichts! Denn mit diesem Urteil haben Sie soeben meinen Tod besiegelt.«
»Sie können Ihren Laden ja an Tommy verkaufen.«
»Niemals! Er muß mich schon umbringen, wenn er mein Geschäft haben will!«
»Das läßt sich machen, wenn du es so wünschst«, erwiderte Tommy leise.
Fritz Rimer drehte sich um und ging zur Tür.
»Keine Gewalttätigkeiten«, sagte Urah. Aber selbst für ihn hatten diese Worte einen hohlen Klang.
Tommy Same stand auf, um Fritz Rimer zu folgen. Doch Fritz drehte sich um und zeigte ihnen eine kleine vernikkelte Pistole. Es mußte sich um eine Kleinkaliberpistole handeln, die er sich wahrscheinlich von seiner Frau ausgeborgt hatte. »Ich verlasse das Hotel«, sagte er. »Lebend.«
Dann war er draußen im Korridor. Tommy rannte ihm

nach. Arthur blieb dicht neben Tommy. Fritz hatte schon die Hälfte des Weges zum Fahrstuhl zurückgelegt, als Benny am entgegengesetzten Ende des Korridors auftauchte. Er sah die Pistole in Rimers Hand und zog sofort seine eigene Kanone.

»Nein!« schrie Sally. »Nicht schießen!« Aber es war schon zu spät, auf gute Ratschläge zu hören.

Benny zielte nicht lange, sondern schoß. Rimers kleine Waffe hallte wie ein Echo hinterher. Tommy Same brüllte etwas, um sich in dem Getöse Gehör zu verschaffen. Dann schien er zu stolpern – nach hinten zu fallen, direkt in Arthur Urahs Arme. Er riß sich los, wankte und fiel gegen den aufgerollten Feuerlöschschlauch an der Wand. Er rutschte zu Boden und blieb mit dem Gesicht nach unten liegen.

»Tommy!« schrie Sally Vogt und kniete neben ihm nieder. Sie versuchte, ihn auf den Rücken zu drehen. Sie blickte auf ihre blutige Hand und schrie noch einmal.

Am anderen Ende des Korridors ließ Benny seine Kanone fallen und rannte auf die Stelle zu, wo Tommy lag. Fritz Rimer schien vor Schreck wie gelähmt. Doch plötzlich kam wieder Leben in ihn, und er flüchtete wie der Blitz in den Fahrstuhl. Jetzt kam auch der Hotelportier um die Korridorecke. Ein Hotelgast hatte ihn telefonisch zu Hilfe gerufen. Und noch ein paar Männer waren auf der Bildfläche erschienen – die Bosse, die Arthur Urah so gut kannte. Stefenzo war da und Carlotta und Venice – jeder von ihnen so mächtig und einflußreich im Syndikat, daß Tommy Same im Vergleich dazu ein kleiner Pinscher war.

»Was war denn hier los?« sagte einer der drei und blickte auf die reglose Gestalt. Das war Venice, ein schlanker, recht gut aussehender Mann.

»Es gab einen Schußwechsel«, erklärte Urah mit ruhiger Stimme. »Benny schoß zuerst auf Rimer und verfehlte ihn.«
»Das wollte ich nicht«, murmelte Benny. Er war so verdattert, daß ihm nichts anderes einfiel.
Der Portier, der sich über Tommy gebeugt hatte, richtete sich wieder auf. »Er ist tot«, sagte er.
Jemand hatte inzwischen Sally mit sanfter Gewalt von der Leiche weggeschoben. Man versuchte sie zu trösten. Aber ihr verzweifeltes Schluchzen war bis zur Treppe zu hören.
Einer von den Bossen hob Bennys Pistole vom Teppich auf und brachte sie Stefenzo. »Das Kaliber ist viel größer als das Loch in Tommys Rücken«, sagte Carlotta.
»Durchsucht sie alle«, befahl Stefenzo.
»Rimer ist mit seiner Waffe getürmt«, sagte Benny. »Ich bin es nicht gewesen. Rimer war's.«
Arthur, Benny, Sal und Tommys Leiche wurden nach Waffen durchsucht. Ohne Erfolg. Benny hatte eine 38er Automatik, deren Kaliber nicht mit der Wunde übereinstimmte. Rimer hatte sich mit seiner Waffe davongemacht. Alle anderen Beteiligten waren unbewaffnet.
»Wir möchten auf keinen Fall die Polizei in die Sache hineinziehen«, sagte Venice zu Arthur Urah. »Vorläufig wenigstens nicht. Die nimmt uns nicht ab, daß das Ganze nur ein unglücklicher Zufall war.«
»Du hast recht«, stimmte ihm Arthur zu.
Die Bosse wickelten Tommy Sames Leiche in ein Laken und trugen ihn in eines der Hotelzimmer.
»Sie nehmen sich jetzt alle Gäste vor, die in diesem Stock ein Zimmer haben«, befahl Stefenzo dem Portier. »Sorgen Sie dafür, daß keiner von ihnen den Mund aufmacht.«

»Die meisten Zimmer stehen sowieso leer.«
»Egal – Sie sorgen dafür, daß keiner redet.«
Arthur Urah ging an Benny, dem der Schrecken immer noch in den Knochen saß, vorbei zur Zwischentür. Sally stand am Fenster und starrte hinaus auf die Stadt. Die Straßenlaternen brannten schon. »Er ist tot«, sagte sie tonlos.
»Ja.«
»Was hat uns jetzt deine ganze Vermittlung genützt? Nichts. Am Ende lief es doch wieder auf eine Schießerei hinaus!«
»Ich habe versucht, genau das zu verhindern.«
»Tommy wollte zu hoch hinaus. Das war schon immer sein Fehler. Zuviel. Sich nicht mit fünfunddreißig Wettbüros begnügen, sondern erst mit sechsunddreißig. Er wollte nicht nur mehr als die anderen. Er wollte alles.«
»Ja«, stimmte ihr Arthur leise zu.
Sie drehte sich um und sah ihn an. »Was hast du eigentlich früher gemacht – bevor du Schlichter wurdest?« fragte sie.
»So allerlei. Ich hab auch mal Jura studiert.«
»Aber sie vertrauen dir. Beide Parteien vertrauen dir.«
»Ich hoffe es.«
Nach einer Weile verließ sie ihren Platz am Fenster und ging in das andere Zimmer zu Tommys Leiche.
Venice kam herein und setzte sich zu Arthur. »Wir haben Benny weggeschafft«, sagte er. »Er war schon immer ein bißchen übergeschnappt.«
»Das glaube ich auch.«
»Gemeingefährlich.«
»Richtig.«
Das Telefon läutete, und Arthur nahm den Hörer ab. Er

gab ihn an den Boss des Syndikats weiter. Der lauschte eine Weile und hielt den Hörer dann gegen sein Jackett. »Die Jungs haben Rimer in der Mangel. Trafen ihn zu Hause an, als er gerade die Koffer packte. Wollte die Stadt für immer verlassen.« Er nickte. »Die Jungs möchten jetzt wissen, wie wir ihn haben wollen – lebendig oder tot.«
»Lebendig«, erwiderte Arthur Urah, ohne zu zögern. »Blut ist genug geflossen.«
»Ich glaube, du hast recht.« Venice sprach wieder in die Muschel: »Bringt ihn her!«
Arthur Urah seufzte, setzte sich in einen Sessel und wartete.
Eine Stunde später saßen alle um den wackligen Spieltisch herum. Rimer mußte an der Versammlung teilnehmen, obwohl er protestierte. Auch Benny hatte man wieder herbeigeschafft. Der Portier aus der Halle, Sally, die drei Bosse vom Syndikat – jeder saß still da und blickte Urah erwartungsvoll an.
»Wir haben uns hier mit einem sehr interessanten Problem zu befassen«, fing Urah an. »Wir können nicht, wie die Polizei das macht, die Kugel aus Tommys Leiche herausschneiden und unter dem Mikroskop mit anderen Kugeln vergleichen. Wir können nur die Fakten untersuchen und die Aussagen der Augenzeugen entgegennehmen. Ich war selbst draußen im Korridor. Ich sah alles, was man als Augenzeuge überhaupt sehen konnte. Der Korridor ist ungefähr zwanzig Meter lang. Von Tommys Zimmertür bis zu der Stelle, wo Benny stand, betrug der Abstand circa fünfzehn Meter. Fritz war etwa in der Mitte zwischen der Zimmertür und dem Fahrstuhl, wo Benny Posten bezogen hatte, als der erste Schuß fiel.«
»Benny schoß in unsere Richtung«, unterbrach Sally.

»Fritz schoß von uns weg, in die entgegengesetzte Richtung.«

»Und der dritte Schuß? Gab es denn keinen dritten Schuß?« fragte Venice kopfschüttelnd.

»Nein.«

»Tommy strauchelte und fiel plötzlich um«, fuhr Urah fort. »In dieser Tatsache sehe ich ein gewisses verwirrendes Moment. Die Wunde deutet nämlich auf ein kleines Kaliber hin – soweit wir das mit dem Auge beurteilen können, ohne die Kugel aus der Wunde zu holen –, während Rimer ja mit seiner Kleinkaliberwaffe in die entgegengesetzte Richtung schoß. Bennys .38er, mit der er in Tommys Richtung feuerte, hätte, wie wir wissen, eine viel größere Wunde hinterlassen.«

Stefenzo verlagerte sein Gewicht auf dem ächzenden Stuhl. »Doch es fielen nur zwei Schüsse, und eine dritte Waffe war nicht vorhanden«, brummte er.

»Warum vergeuden wir soviel Zeit mit der Untersuchung?« fragte Carlotta. »Tommys Tod war ein Unfall – egal, wie wir die Sache auch drehen und wenden. Die Kugel muß von der Wand oder einem Gegenstand abgeprallt sein. Wir gehen jetzt dazu über, seinen Nachlaß zu ordnen.«

»Ich glaube nicht an einen Unfall«, sagte Sally gereizt. »Ich glaube, daß Fritz Rimer ihn ermordet hat.«

»Ich habe ihn nicht...«, setzte Rimer an und klappte dann den Mund zu.

Arthur Urah räusperte sich. »Ich wurde hierhergerufen, um zwischen Rimer und Tommy Same die Auseinandersetzung um Rimers Wettbüro zu schlichten. In dieser Angelegenheit gilt mein Spruch von heute nachmittag nach wie vor. Das Wettbüro bleibt Rimers alleiniges

Eigentum. Da Tommy inzwischen verstorben ist, kann er auch nach Rimers Tod dessen Wettbüro nicht mehr übernehmen. Diese Klausel entfällt.«
»Darüber könnt ihr euch allein unterhalten«, mischte sich Sally wieder ein. »Mich interessiert Tommys Tod mehr.« Sie stürmte hinaus in den Korridor. Vielleicht suchte sie dort nach einer Eingebung oder einer geheimen Schrift, die ihr den wahren Hergang der Tat offenbarte.
»Ihr braucht mich ja doch nicht mehr«, sagte Fritz Rimer. »Ich möchte jetzt wieder gehen.«
»Du wartest«, befahl ihm Carlotta.
»Ich muß ein paar Geschäfte erledigen!«
»Am Sonntag abend? Du bleibst!«
Arthur Urah räusperte sich. »Laß ihn gehen. Tommys Tod war wirklich ein Zufall.«
Rimer durfte gehen. Er schlich zur Tür – ein ängstlicher kleiner Mann. Die anderen kamen jetzt zum wichtigsten Punkt der Tagesordnung. Innerhalb einer Stunde wurde Tommy Sames Nachlaß aufgeteilt. Arthur Urah hörte zwar zu, beteiligte sich aber nur selten an der Diskussion. Das war nicht sein Job, und man würde ihn erst brauchen, wenn es zu einer Auseinandersetzung kam. Er ging schließlich hinüber zum Fenster und dann ins angrenzende Zimmer. Dort wartete Sally Vogt auf ihn.
»Ich war draußen im Korridor«, sagte sie.
»Ja?«
»Wenn du genau hinsiehst, kannst du die Einschläge beider Kugeln an der Wand entdecken.«
»Ich habe nicht genau hingesehen.« Urah zog den Reißverschluß seiner kleinen Mappe zu. Es war höchste Zeit, daß er nach Hause fuhr.
»Arthur...« Sally stockte.

»Was gibt es denn, Sally?«
»Sind sie alle noch im Nebenzimmer?«
»Ja. Das Gebiet muß neu aufgeteilt werden.«
»Aufgeteilt! Tommy stirbt, und die anderen denken nur ans Aufteilen.«
»Das Leben muß weitergehen, Sal. Das weißt du doch am besten.«
»Und was geschieht mit seiner Leiche, die man wie eine Mumie eingewickelt hat?«
»Man wird ihn ehrenhaft und würdig bestatten.«
»In einem Müllverbrennungsofen oder im Meer?«
»Sal . . .«
»Die Wunde sitzt in seinem Rücken, Arthur. Im *Rücken*! Die beiden Schützen waren vor ihm, aber du warst dicht hinter Tommy! Er taumelte dir in die Arme, bevor er zu Boden stürzte.«
»Ich hatte keine Schußwaffe«, sagte Arthur Urah gelassen.
»Nein, aber du hattest das!« Sally holte die rechte Hand hinter dem Rücken hervor und ließ den Eispickel auf den kleinen Tisch neben der Leiche fallen. »Tommy wurde gar nicht von einer Kugel getötet. Er wurde mit dem Eispickel erstochen, während die beiden anderen aufeinander schossen. Während wir uns dann alle über die Leiche beugten, schobst du den Eispickel in das Mundstück des Feuerlöschschlauches draußen im Korridor. Dort habe ich das Ding gefunden!«
»Du siehst zuviel, Sally. Du kümmerst dich zuviel um Dinge, die dich nichts angehen. Die Welt ist nichts für Leute, die zu genau hinsehen oder Eispickel in Feuerlöschschläuchen finden.«
»Du hast ihn umgebracht, weil er sich deinem Spruch

nicht fügen wollte. Weil er Rimer töten wollte...!«
»Vielleicht habe ich ihn nur getötet, um Rimers Leben zu retten, Sally.«
»Ich gehe jetzt ins andere Zimmer und erzähle es ihnen, Arthur«, flüsterte sie. »Tommy kann mir keiner mehr wiederbringen. Aber rächen kann ich mich wenigstens – nur ein bißchen rächen...«
Sie ging bereits auf die Zwischentür zu, als Arthur die Hand ausstreckte und sie zurückhielt. »So nicht, Sally. Hör mir mal gut zu.«
»Zuhören? Arthur der Unparteiische muß sich wohl erst einen neuen Spruch ausdenken, wie? Wie wird denn diesmal das Urteil ausfallen, Arthur? Was geben sie dir, wenn ich dort hingehe und die Wahrheit sage? Lebenslänglich oder Todesstrafe, Arthur?«
»Du verstehst mich nicht, Sal.«
»Ich verstehe sehr wohl! Ich werde ihnen alles sagen! Die Wahrheit!«
»Das ist nicht nötig. Die wissen sie längst.«
Sie erstarrte, wich zurück bis zu dem kleinen Kaffeetisch, blickte ihn aus großen feuchten Augen an. »Sie wissen es?«
»Du hast mich vorhin gefragt, was ich getan habe, ehe ich Schlichter wurde. Ich habe sehr viele Dinge getan, Sally. Aufträge erledigt. Manche davon mit einem Eispickel.«
»Nein!«
»Tommy wurde zu groß. Sie wollten sein Gebiet für sich haben. Sie glaubten, Fritz würde die Arbeit für sie erledigen. Aber Fritz war ein Feigling. Als ich eine Gelegenheit draußen im Korridor sah, mußte ich sie ausnützen.«
»Und dieses ganze Gerede? Die Untersuchung vorhin?«

»Das geschah nur deinetwegen, Sally. Und auch wegen Benny.«
»Wenn die anderen sich nicht darum kümmern, Arthur, tue ich es selbst.« Sie bückte sich blitzschnell nach dem Eispickel; doch Arthur wischte ihn vom Tisch unter das Bett.
»Verschwinde, Sally. Du sollst dir nicht auch noch den Tod holen.«
»Zum Teufel mit dir, Arthur! Du bist kein Mensch mehr, Arthur! Du bist eine Bestie, ein Ungeheuer, ein Unmensch!«
Er lächelte traurig. Man hatte ihm in seinem Leben schon schlimmere Namen an den Kopf geworfen. Er holte den Eispickel unter dem Bett hervor, schob ihn in seine kleine Dokumententasche, zog den Reißverschluß zu und blickte aus dem Fenster.
Nachdem Sally das Hotel verlassen hatte, ging Arthur Urah zum Fahrstuhl, nickte unten dem Portier grüßend zu und trat hinaus in die Nacht...

Ein Päckchen für Julie

Dan J. Marlowe

Ich war gerade unter dem Schweißschild hervorgekommen und inspizierte die silbrige Naht, die ein Leck in einem angeschlagenen Kühler verschließen sollte, als Fat Carson, der Vorarbeiter der Schweißerei, mich antippte. »Sollst zum Direktor kommen, Toland«, sagte er. Er ging zur Tür, schloß auf und schloß dann, wie es sich gehörte, sorgfältig wieder hinter uns ab.
Während wir über die hallenden Gänge trabten, überlegte ich, was ich wohl verkehrt gemacht haben könnte. Neu waren mir solche Einladungen nicht, aber die letzte Abreibung lag jetzt schon eine Weile zurück. Carson lieferte mich vor Direktor Wibberleys Büro ab, und ich trat ein und machte Männchen. Links von dem vierschrötigen, grauhaarigen Wibberley saß ein großer, breitschultriger Mann in dunklem Geschäftsanzug. Ich mußte zum zweiten Mal aus dem Augenwinkel hinschielen, ehe ich Tom Glick erkannte, den Captain aus meiner Heimatstadt, der mich in den Knast gebracht hatte. Ich hatte ihn noch nie in Zivil gesehen.
»Nehmen Sie sich einen Stuhl, Toland«, sagte Wibberley. »Sie dürfen rauchen.« Richtig freundlich klang das.
»Danke, Sir.« Ich steckte mir rasch eine ins Gesicht. Bei der Schweißerei ist es nichts mit dem Rauchen. Ich setzte mich steif hin.

Wibberley schlug eine Akte auf, die auf seinem Schreibtisch lag. Ich wußte, daß es meine war, weil eins der Fotos, die sie gemacht hatten, als ich eingeliefert worden war, auf dem braunen Deckel klebte. Es zeigte einen schwarzhaarigen Burschen, Typ Rauhbein mit Herz, mit breiten Schultern und einem Was-kostet-die-Welt-Blick, den ich allerdings in letzter Zeit nur noch selten in meinem Rasierspiegel entdecken konnte.

»Ich habe mir mal Ihre Haftakte angesehen«, begann Wibberley. »Bei Ihrer Ankunft galten Sie als fast unverbesserlich, aber in den letzten dreißig Monaten waren keinerlei disziplinarische Maßnahmen mehr nötig. Wenn man von der Wahl Ihrer Freunde absieht, würde ich sagen, daß Sie sich zwar spät, aber recht gut gefangen haben.« Ich hielt den Mund und fragte mich, was das Ganze sollte. Glick betrachtete gedankenvoll die glühende Spitze seiner Zigarette.

Wibberley klappte den Ordner zu, räusperte sich und sah mich gerade an. »Ich habe Ihnen etwas zu sagen, Toland. Ein professioneller Dieb namens Danny Lualdi wurde von einem Polizisten angeschossen und lebensgefährlich verletzt. Vor seinem Tod gab er der Polizei eine Liste der Straftaten, die er begangen hatte. Auf dieser Liste stand auch der Überfall auf den Safe der Gurnik Baking Company, und Kugeln, die aus Lualdis Waffe abgeschossen wurden, entsprachen jener Kugel, die bei der Flucht des Täters auf einen Wachmann abgegeben wurde und die später von einem Polizisten aus einer Tür entfernt worden ist. Es besteht kein Zweifel daran, daß für diese Tat Lualdi verantwortlich war.«

Ich spürte den von früher her so vertrauten Adrenalinstoß. Ich konnte nicht mehr stillsitzen. Ich sprang auf,

drückte meine Zigarette aus und steckte automatisch die Kippe in die Tasche. »Und was wird jetzt aus mir?« fragte ich. »Drei Jahre, zwei Monate und siebzehn Tage habe ich wegen dieser Sache gesessen. Weil Spider Haines, der Wachmann bei Gurnik, mich angeblich erkannt hatte.«
»Sie werden ein freier Mann sein.« Wibberley deutete auf seinen Schreibtisch. »Der Gouverneur hat Ihre Begnadigung schon unterzeichnet, sie tritt morgen mittag in Kraft. Und dann verlassen Sie uns durch dieses Tor dort.« Er deutete auf die Stahltüren in der fünfzehn Meter hohen grauen Mauer, die man von seinem Bürofenster aus sehen konnte.
Ein Summer meldete das Ende des Gefängnisarbeitstages. Es war halb fünf. »Tja, wenn das alles ist, muß ich mich ranhalten, ich habe noch so allerlei zu tun.«
Ich sagte nicht mehr »Sir«, und Wibberley hatte es bemerkt. Er verzog die Mundwinkel. »Captain Glick möchte Ihnen noch etwas sagen, Toland.« Er verließ das Zimmer und machte die Tür hinter sich zu.
»Sie überlegen wohl schon, wie Sie das Geld ausgeben sollen, das Sie als Entschädigung kassieren, wenn Sie den Staat verklagt haben, wie?« knurrte Glick.
»Daran hab ich noch gar nicht gedacht, aber schönen Dank für den Tip.«
»Ich würde da an Ihrer Stelle die Finger von lassen«, sagte er, ohne eine Miene zu verziehen.
»Möchte wissen, wie Sie mich bremsen wollen.« Ich erwärmte mich für mein Thema. »Von mir aus können Sie's ruhig versuchen. Für die Begnadigung kann ich mir nämlich nichts kaufen. Was meinen Sie,was ich für einen Job kriege, wenn die Bosse hören, von wo ich komme? Und ob ich klagen werde! Julie und die Kleine können das

Geld auch gut gebrauchen.«
»Ich würde da an Ihrer Stelle die Finger von lassen«, wiederholte er. »Es gibt Leute, die hätten das nicht so gern.« Er stand auf. Ich bin kein Zwerg, aber er war mir über, in der Breite wie in der Höhe.
»Sie sind kein Heiliger, Toland, Sie sind vorbestraft...«
»Kleinere Vergehen«, stieß ich hervor. »Zwei Schlägereien –«
»Es heißt, daß die Anklage erst auf Raubüberfall hätte lauten sollen. Und bei der Gurnik-Sache hat Haines Sie identifiziert.«
»Ja, weil Sie ihn unter Druck gesetzt hatten.«
Glick zuckte nicht mit der Wimper. »Ich hab neulich Marsh Wheeler geschnappt«, sagte er. »War ein Freund von Ihnen, nicht?«
Er beobachtete mich scharf. Angst fiel mich an, scharf wie ein Rattenzahn. »Diesmal muß der alte Marsh in den Knast, der Fall liegt klar. Er ist leichtsinnig geworden.« Glick beobachtete mich noch immer. »Früher schien das nie besonders sinnvoll, aber vielleicht sollte ich ihn jetzt mal fragen, wer sein Partner war, ehe Sie aus dem Verkehr gezogen wurden.« Er wartete, doch ich sagte nichts. Was hätte ich sagen sollen? Glick schien mit der Wirkung seiner Worte zufrieden zu sein. »Sie sind – oder waren – Maschinenschlosser«, sagte er. »Halten Sie sich daran, und kommen Sie mir nicht unter die Augen. Und das mit der Klage schlagen Sie sich besser aus dem Kopf.« Er ging langsam zur Tür.
Gleich darauf kam Wibberley wieder herein und verabschiedete mich schnell und sachlich. »Bis morgen, Toland.«
Ich sah nur noch rot. Die dachten, sie hätten mich in der

Tasche. Na wartet, euch werd ich's zeigen.
Ich ließ mich zur Turnhalle bringen. Da gehe ich meistens nach der Arbeit hin. Benny Krafcik, das Wiesel, und Kanonen-Dunn saßen auf Hockern neben der Gewichthebermatte und quatschten. Es waren die besten Freunde, die ich im Knast hatte – Wibberley sah das nicht gern, und darauf hatte er vorhin mit dem Gerede von der Wahl meiner Freunde angespielt –, aber ich wußte nicht, wie ich es ihnen beibringen sollte. Ich machte den Oberkörper frei und begann mit den Fünfzehnpfundhanteln, dann ging ich zu den Dreißigpfündern über, bis ich schwitzte. Ich stemmte eine Kugelhantel ein paarmal über den Kopf, dann ließ ich sie auf Hüfthöhe sinken. Das ist gut für die Arme. Seit ich mit den Gewichten arbeite, brauche ich Hemdengröße Large statt Medium, und von Extra Large bin ich nur noch eine Muskelschicht entfernt.
Schließlich sagte ich leise: »Morgen gehe ich, Jungs.«
»Schade, Igor«, sagte Benny. Er nannte alle Gewichtheber Igor, das war seine Art von Humor.
»Wirklich wahr«, bestätigte Kanonen-Dunn. »Wohin bringen sie dich?«
»Nirgendwohin. Sie lassen mich raus. Endgültig. Der Gouverneur hat mich begnadigt.«
Sie lächelten beide, und das Lächeln war echt. Es ist nicht schwer – es ist sogar sehr leicht –, den Kumpel zu hassen, der vor dir rauskommt, aber das waren eben echte Freunde. Benny war Safeknacker, Extraklasse. Kanonen-Dunn war Revolvermann. Mit dem Spitznamen durften ihn nur einige wenige gute Freunde anreden. Benny hob auch Gewichte, Dunn nicht. »Wieviel Kraft brauchst du zum Abdrücken?« fragte er immer und lachte dabei.
»Ist ja 'n Ding«, staunte Benny. »Ändert das was an

deinen Plänen?«
»Es beschleunigt sie nur.«
Dunn lächelte. »Hoffentlich hast du dir alles gemerkt, was Benny dir eingetrichtert hat.«
Das Gespräch versickerte. Mir fiel nichts mehr ein. Ich wußte, was sie dachten. Der hat es geschafft. Morgen um diese Zeit tut er draußen all das, was wir gern tun würden. Alles, was ich noch hätte sagen können, würde es nur schlimmer machen. »Und du hast alles im Kopf?« fragte Benny.
Ich rasselte Namen, Adressen und Telefonnummern herunter. Sie nickten beide. Benny hatte noch ein paar Zusatzfragen. Als ich sie beantwortet hatte, lächelte er zufrieden. Der Summer verkündete das Ende der Freistunde, und wir verschränkten die Arme und gaben uns die Hand.
»Viel Glück«, sagten sie. Mehr nicht. Dann gingen wir in unsere Zellen.
An diesem Abend schrieb ich einen langen Brief an Julie. Ich berichtete ihr von der Begnadigung. Daß ich am nächsten Tag rauskommen würde, schrieb ich ihr nicht. Ich schrieb ihr, daß ich sie und das Baby liebhatte. Von wegen Baby... Lucy war inzwischen vier. Und daß wir uns Anfang der Woche sehen würden. Das erste stimmte, das zweite konnte ich nur hoffen.
Am nächsten Tag, mittags um eins, wurde ich entlassen. In der Kleiderkammer kriegte ich Sachen, die einigermaßen paßten: sportliche Hosen und ein Sakko. Der Direktor überreichte mir meine Begnadigungsurkunde, eine Kopie meiner Entlassungspapiere, eine Buskarte für die Fahrt in meine Heimatstadt, einfach, meine Brieftasche und sechsundachtzig Dollar und fünfzehn Cent, die ich

im Gefängnis verdient hatte. Ich ließ das große Tor hinter mir, ging zum Busbahnhof, erwischte den Bus um halb zwei und setzte mich in einer Ecke für die zehnstündige Fahrt zurecht.

Während eines Aufenthalts erstand ich eine billige Aktentasche, Rasierzeug, eine Zahnbürste, ein Hemd und Unterwäsche zum Wechseln. Von meinen früheren Sachen hatte ich nichts mitgenommen, ich wollte ganz neu anfangen. Die Aktentasche war mein einziges Gepäckstück, als wir in die Stadt kamen. Ich nahm mir ein Taxi zum Hotel Carlyle, wo niemand sich über mein spärliches Gepäck und meine kurzgeschorenen Haare aufhielt. Ich trug mich mit meinem richtigen Namen ins Meldebuch ein. Wenn sie nach mir suchten, sollten sie es leicht haben.

Obgleich es spät war, duschte ich und rasierte mich. Ich ging in ein Steakrestaurant in der Nähe und genoß jeden Bissen meines Porterhouse-Steaks zu sechs Dollar fünfzig. Dann führte ich mir noch Erdbeertorte und drei Tassen Kaffee – richtigen Kaffee! – zu Gemüte. Danach verschwand ich in einer Telefonzelle. Die beiden Leute, die ich sprach, sagten, sie wüßten Bescheid und erwarteten mich morgen. Ich ging ins Hotel, wälzte mich eine halbe Stunde in dem ungewohnten Bett herum und schlief endlich ein.

Die erste Adresse entpuppte sich als Friseurgeschäft in einer tristen Gegend. »Ich habe gestern abend hier angerufen«, sagte ich zu dem kahlköpfigen Barbier, der allein im Laden war.

»Sie sind der Freund von Kanonen-Dunn, grade rausgekommen?«

»Ja. Ich möchte mir eine .45er Automatic und ein Halfter

borgen.«
»Borgen? Umsonst ist der Tod, Mister.«
»Dunn hat gesagt, daß Sie ihm noch was schulden.«
Er zuckte die Achseln, ging zur Ladentür und riegelte ab. Dann brachte er mich durch eine Hintertür zwei Stufen hinauf in einen schmalen Gang, der zu einer Wohnung führte.
»Warten Sie hier«, sagte er und ließ mich auf dem Gang stehen. Fünf Minuten später war er mit der Automatic, dem Halfter und einem Dutzend Runden Munition wieder da. Ich wickelte die Patronen in mein Taschentuch, um kein Öl an die Hose zu bekommen, und steckte das Taschentuch ein. Das Halfter hängte ich an meinen Gürtel und steckte die Automatic hinein. Sie war schwer, aber es war ein gutes Gefühl.
Als wir wieder in dem Friseurgeschäft standen, deutete ich auf den breiten Briefschlitz in der Eingangstür. »Ich werf die Sachen heute abend wieder durch«, sagte ich. »Eingewickelt.« Er schloß die Tür auf und ließ mich raus.
Zu der zweiten Adresse mußte ich mit dem Taxi quer durch die Stadt fahren. Es war eine Bar. Ich stellte mich bei dem Charly als Freund von Benny dem Wiesel vor, und er verwies mich an Bennys Freund, der mich schon erwartete. »Ich möchte mir Bennys Weste borgen«, sagte ich, »und das Handwerkszeug. Ich bring's heute abend zurück, und Sie können die Sachen dann wieder für ihn verwahren.«
»In einer halben Stunde bei dem Imbiß da drüben«, sagte er.
Er kam zehn Minuten zu spät. Ich war bei der zweiten Tasse Kaffee, als er aufkreuzte und das schwere, in braunes Packpapier gewickelte Paket neben mich legte.

Ich hob es an. Es mußte an die zwanzig Pfund wiegen.
»Bis Mitternacht kriegen Sie's zurück«, sagte ich.
»Ist recht«, sagte er und verschwand.
In einer Pfandleihe in der Nähe kaufte ich einen gebrauchten Koffer. In einem Haushaltsgeschäft in der Nähe erstand ich eine kleine Dose Farbenlöser, einen großen Bogen braunes Packpapier und ein Knäuel Bindfaden. Ich tat alles in den Koffer und ging zu einem Drugstore. Dort zog ich aus einem Automaten Briefmarken im Wert von zwei Dollar, packte sie zu den anderen Sachen in den Koffer und fuhr mit dem Taxi wieder ins Hotel zurück.
An der Rezeption ließ ich mir einen Adressenaufkleber geben. Oben in meinem Zimmer schrieb ich einen erfundenen Empfänger und eine erfundene Adresse in einer Stadt in der Nähe darauf. In die linke obere Ecke setzte ich Julies Namen und Anschrift. Wenn sich herausstellte, daß die Sendung unzustellbar war, würden sie es bei Julie abgeben.
Ich machte mein Paket auf und betrachtete Bennys Leinenweste. Sie war verstellbar, und ich mußte die Riemen weiter machen, bis sie unter meinem Sakko bequem saß. Sie hatte zweiundzwanzig große und kleine Taschen, und ich registrierte den Inhalt sorgfältig. Es schien alles komplett zu sein. Weil in einer Tasche rechts ein kleiner Elektromotor steckte, mußte ich mein Halfter auf die andere Seite hängen, damit es keine verdächtige Beule gab. Nachdem das Gewicht der Werkzeuge auf meinen Oberkörper verteilt war, hatte ich kaum das Gefühl, etwas zu tragen.
Ich sah auf die Uhr. Zwei. Ich nahm die Weste ab und streckte mich auf dem Bett aus, um etwas zu dösen. Um

sechs stand ich auf, legte die Weste wieder an, hängte das Halfter an den Gürtel und knöpfte die Jacke zu. Fertig. Essen wollte ich erst, wenn ich den Job hinter mir hatte. Ich ging die zweieinhalb Meilen zu Fuß. Zeit hatte ich genug und keinerlei Neigung, das Personengedächtnis von Taxifahrern bei einer polizeilichen Gegenüberstellung zu testen. Gurnik's erstreckt sich über fast einen Block. Ich kam von hinten heran, gleich an der Ecke war ein Briefkasten. Der Schuppen des Wachmannes befand sich an der knapp meterhohen Steinmauer, hinter dem geschlossenen Tor. Ich ging auf der anderen Straßenseite vorbei und sah den weißhaarigen Spider Haines an seinem Schreibtisch sitzen, den miesen, verschrumpelten Kerl, dessen Aussage mich in den Knast gebracht hatte. Als er zu seiner Achtuhrrunde den Schuppen verließ, hechtete ich über die Mauer. Nach Bennys Informationen patrouillierte Haines alle zwei Stunden durch das Werk. An der Hintertür des Hauptgebäudes packte ich meinen Koffer aus. Farbenlöser, Bindfaden, Adressenaufkleber und Briefmarken steckte ich in die Taschen, das Packpapier klemmte ich mir zusammengefaltet unter den Arm. Als Haines herauskam, nachdem er seine Stempeluhren abgeklappert hatte, ging ich ihm entgegen. Er sah meine Kanone an, dann mein Gesicht und fiel auf die mageren Knie. »Bitte nicht, Toland«, jammerte er. »Glick hat mich zu der Aussage gezwungen.«

Er hatte nichts zu befürchten, ich brauchte ihn lebendig – aber das wußte er nicht. Ich schubste ihn, bis er aufstand, und drängte ihn über den Gang, an dessen Ende nach Auskunft von Benny der Kassenraum sein sollte. Da war er auch. Samt Safe. Ein großes Modell mit Doppeltür.

Ich band Haines an einem Stuhl fest. Er verdrehte die

Augen und bibberte wie im Schüttelfrost. Ich schob den Stuhl in eine Ecke, wo man den Safe nicht sehen konnte, und ließ Haines dort sitzen. Er würde keinen Lärm schlagen, sondern noch froh sein, daß er so billig davongekommen war. Außerdem hätte nach Sonnenuntergang in dieser Gegend, wo es nur Lagerhäuser gab, nicht mal eine gewaltige Explosion ein Publikum gehabt.
Während ich zum Safe ging, nahm ich den Farbenlöser aus der Tasche, dann strich ich einen zehn Zentimeter breiten Streifen auf die obere Hälfte der Tür, in der sich das Kombinationsschloß befand. Ich wartete, bis die Farbe aufgeweicht war, und kratzte sie dann mit einem Spachtel ab, den ich aus der Weste holte. Unter der Farbe kam das blanke Metall zum Vorschein. Ich arbeitete jetzt schnell, holte einen zwei Pfund schweren Bleiblock aus der Weste und schraubte einen Stahlgriff hinein. Den benutzte ich als Hammer. Ein paar wuchtige Schläge auf die Türfläche – und um die Nieten herum, die bisher unter der Farbe unsichtbar gewesen waren, erschienen feine Risse.
Ein erfolgreicher Safeknacker braucht Spezialkenntnisse, geschickte Hände und Kraft. Ich körnte die Nieten an und bohrte den Kopf des Zahlenschlosses heraus. Dann holte ich das Brecheisen aus der Weste. Es bestand aus vier fünfzehn Zentimeter langen, miteinander verschraubbaren Stahlstangen. Eine war der Hammergriff gewesen; sie hatte mehrere auswechselbare Endstücke. Mit einem flachen Endstück lockerte ich die Frontplatte, nahm dann einen Haken, um die Platte nach unten zu biegen, so daß das Zementfutter zum Vorschein kam. Mit einem spitzen Endstück klopfte ich den Zement heraus, um an die Verriegelung zu kommen.

Es war heiße, staubige Arbeit. Bald war alles um mich herum mit einer feinen Zementschicht bedeckt. Als die Verriegelung freilag, brauchte ich aus dem Hauptbolzenarm nur noch einen Stift zu entfernen, und die Bolzen ließen sich spielend leicht zurückziehen. Die Türen öffneten sich lautlos. Der Safe hatte keine zusätzliche Stahltür. Das gebündelte Bare lag vor mir, ich brauchte nur noch zuzugreifen.
Ich angelte mir die Mäuse und stapelte sie auf dem Boden. Die Summen auf den Banderolen lasen sich hübsch. Ich fand Pappe zum Versteifen, packte die Scheinchen ordentlich ein und wickelte sie in das braune Packpapier, das ich mitgebracht hatte. Ich schnürte das Päckchen zu, schön fest, mit Doppelknoten, und klebte den Anschriftenzettel und die Briefmarken auf. Jetzt brauchte ich es nur noch in einen Briefkasten zu stecken. Und zu gegebener Zeit würde das Päckchen bei Julie landen, mit einem Stempel versehen: ZURÜCK AN ABSENDER.
Ich zog die Weste aus und wickelte auch sie ein. Kanone und Halfter ergaben zwei weitere Päckchen. Dann wischte ich, um Fingerabdrücke zu beseitigen, alles mit einem feuchten Lappen ab, auch Bennys Werkzeug. Mit demselben Lappen machte ich mir die Schuhe sauber. Dann klopfte ich noch meine Hose ab, griff mir meine Päckchen und verließ Gurnik's auf dem gleichen Wege, auf dem ich gekommen war. An der Hintertür blieb ich noch einmal kurz stehen und schnappte mir den Koffer.
Das Geldpäckchen steckte ich in den Briefkasten am Ende des Blocks. Den Koffer stellte ich in einen Hauseingang, nachdem ich die Fingerabdrücke abgewischt hatte. Ich ging schnell. Wenn Haines seine Zehnuhrrunde nicht machte, würde jemand kommen, um nach dem Rechten

zu sehen. Meine Nerven schrien nach einem fahrbaren Untersatz, aber ich riß mich zusammen und nahm mir erst nach einer Meile ein Taxi. Zuerst fuhr ich zu dem Friseurgeschäft, wo ich die eingewickelte Pistole und das Halfter durch den Briefschlitz schob. An dem Imbißstand gab ich Bennys Weste ab. Im Carlyle duschte ich ausgiebig, zog mich wieder an, legte mich aufs Bett und wartete. Ich wußte, lange würde ich nicht zu warten brauchen.

Als es klopfte, war ich sicher, daß das nur Glick sein konnte. »Sie kommen mit«, erklärte er kurz angebunden.

»Was werfen Sie mir diesmal vor, Captain?« fragte ich. »Unerlaubtes Spucken auf den Gehsteig?«

Er antwortete nicht. Ich saß hinten, links und rechts von einem Cop flankiert, und Glick hockte mit finsterem Gesicht vorn neben dem Fahrer. Ein Assistant District Attorney erwartete uns. »Bei Gurnik ist heute das Safe ausgeräumt worden, und der Wachmann sagt, daß Sie es gewesen sind«, fuhr er mich an. »Mag sein, daß Sie sich rächen wollten, weil Sie Ihrer Meinung nach umsonst gesessen haben. Trotzdem war das eine unglaubliche Dummheit. Wenn Sie das Geld abliefern und ein volles Geständnis ablegen, wird der Richter sicher die Umstände berücksichtigen.«

Ich lachte ihm ins Gesicht. »Ich weiß nicht, wie Sie heißen, Mister, und ich habe keine Ahnung, was bei Gurnik passiert ist, aber eins kann ich Ihnen sagen: Mit der Aussage von Spider Haines können Sie keinen mehr verurteilen, und mich schon gar nicht. Er hat mich schon mal falsch identifiziert. Glauben Sie, daß die Jury so was noch mal schluckt?«

So einfach war es natürlich nicht. Es gab Einschüchterungsversuche und gutes Zureden und Anrufe und geflüsterte Beratungen. Sie scheuchten mich von Zimmer zu Zimmer, nahmen meine Fingerabdrücke und fotografierten mich. Um zwei Uhr früh gaben sie es auf und schickten mich weg. Glicks Gesicht war düster wie eine Gewitterwolke. Ich ging davon und lachte mir eins. Es war herrlich, daß ich sie so richtig reingelegt hatte. Jetzt mußte ich erst mal die Spannung loswerden, die sich in mir aufgestaut hatte und mir auf den Magen drückte wie eine dicke, harte Kugel. Ich ging in eine Bar, um mir ein, zwei schnelle Drinks zu genehmigen. Flüssige Tranquilizer.

Ich kippte drei. Ich fühlte mich großartig. Ich bestellte mir ein Roastbeef-Sandwich. Ich hatte ganz vergessen, daß ich nichts gegessen hatte, und der Magen hing mir bis zu den Kniekehlen. Ich spürte, wie die Spannung wich und einer tiefen Zufriedenheit Platz machte. Ich zählte mein Geld. Wenn ich meine Rechnung im Hotel bezahlt hatte, blieb mir nicht mehr viel, aber Julie würde mich schon über Wasser halten, bis ich wieder flüssig war. Jetzt mußte ich mich erst mal ans Familienleben gewöhnen. Ich freute mich darauf. Es störte mich nicht, daß ich eine Weile auf das Päckchen würde warten müssen.

Ich fuhr mit dem Taxi zurück zum Carlyle und nahm den Aufzug nach oben. Ich würde mein Zimmer morgen früh aufgeben, aber zunächst brauchte ich eine gute Mütze voll Schlaf. Oben gab es Schwierigkeiten mit dem Schlüssel. Hatte Glick vielleicht aus lauter Bosheit mein Zimmer versiegeln lassen? Endlich kriegte ich die Tür auf, trat ein – und traute meinen Augen nicht. Im Zimmer standen Glick, ein dicker Sergeant, ein noch dickerer Streifenpolizist und ein Typ, der vom Hotel zu sein schien, denn er hatte einen Generalschlüssel in der Hand.

»Mir ist noch etwas eingefallen«, sagte Glick und schob sich zwischen mich und die Tür. »Sergeant Bonar wird Proben von dem Schmutz unter Ihren Fingernägeln nehmen. Ich möchte wissen, ob sich Spuren von Zementstaub feststellen lassen. Bitte strecken Sie die Hände aus.«

Da würde nach der langen, heißen Dusche wohl nicht mehr viel zu machen sein, dachte ich hoffnungsvoll.

»Und er wird die Aufschläge Ihrer Hosen absaugen«, fuhr Glick fort.

Mir kam der feine Staub in den Sinn, der überall um Gurniks Safe herumgelegen hatte.

Die drei Drinks waren wohl daran schuld, daß ich einen Satz zur Tür machte. Ich versuchte, Glick über den Haufen zu rennen. Ehe ich wußte, was los war, lag ich flach auf dem Boden und sah zu ihm auf. »Her mit dem kleinen Staubsauger, Sergeant«, sagte er. Ich hörte das Summen eines Elektromotörchens. »Sieht vielversprechend aus«, meinte Glick. »Mooney, Sie spielen Babysitter bei unserem Freund, ich bring die Proben weg.«

Die anderen verschwanden, und Mooney und ich saßen da wie zwei Gipsfiguren.

Nach einer Weile läutete das Telefon, und dann packten sie mich wieder in einen Wagen.

Sie nerven mich immer noch wegen der Mäuse.

Ich habe ihnen nichts gesagt und werde ihnen auch nichts sagen. Am lautesten schreit die Versicherung. Dem District Attorney ist es peinlich, daß es jetzt auch um den ersten Einbruch bei Gurnik wieder Publicity gibt. Die würden die ganze Sache am liebsten vergessen. Sie haben mir ziemlich deutlich zu verstehen gegeben, daß ich bloß das Geld herauszugeben brauche und sie mich dann durch irgendeine Hintertür rauslassen würden, sobald

sich der Wirbel gelegt hat.
Aber mir geht's um Julie und die Kleine. Ich sitzt jetzt richtig in der Scheiße. Wenn ich rauskomme, kann ich entweder wieder so ein Ding drehen oder mich gleich begraben lassen. So oder so kann ich für die beiden nicht mehr viel tun.
Also überlasse ich es Julie.
Wenn sie das Päckchen kriegt, wird sie wissen, von wem es kommt. Sie kann natürlich das Geld abliefern und dadurch eine Strafmilderung für mich rausschlagen. Wenn sie's macht, soll's mir recht sein. Wenn sie's nicht tut, ist es auch in Ordnung. Sie schuldet mir nichts, und von dem Versprechen, das wir uns damals gegeben haben, ist schon lange der Lack ab – durch meine Schuld. Wenn ich in einer Woche noch nichts gehört habe, weiß ich jedenfalls, wie's ausgegangen ist.

Heiße Ware

Ed Lacy

Es mag sich kindisch anhören, aber der Mord an Frankie Sun hat mich ganz schön hochgebracht. Nicht, weil er in meinem Abschnitt passiert ist und ich alle, die mit dem Fall zu tun hatten, zumindest vom Sehen kannte. Und auch nicht, weil ich für diesen Fall die Uniform ausziehen durfte und zum Morddezernat abgestellt wurde. Nein, die Sache ist so: Auf die Dauer ist der Streifendienst stinklangweilig. Es liefen ein paar große Dinger in der Stadt – der Überfall auf den Geldtransporter in Brooklyn, der Mord an der Tanzmaus in der City, die Drogenrazzien in Queens. Und ich rüttelte noch immer an verschlossenen Ladentüren in Washington Heights und schnappte mir ab und zu einen Betrunkenen.

Nicht, daß ich unbedingt auf Rabatz aus bin. Aber bei zehn Monaten Polizeidienst müßte eigentlich ein bißchen mehr rauskommen als nur ein Paar wunde Füße.

Jetzt saß ich also im Einsatzraum der Kriminalpolizei und hörte mit den anderen höflich dem Inspektor vom Morddezernat zu, der den Fall schilderte. Ich hatte wirklich und wahrhaftig Tuchfühlung mit den großen Tieren gekriegt. Da sah das Leben gleich ganz anders aus.

»Die Fakten sind wie folgt«, sagte der Inspektor. Für einen Typ seiner Größe hatte er eine sanfte Stimme. »Ein Gangster namens Frankie Sun wird vor einem Privathaus

erstochen aufgefunden. Frankies Vorstrafenliste ist beachtlich. Tätliche Beleidigung, Raubüberfall, Autodiebstahl, Einbruch, Waffenbesitz, Haftstrafe wegen Zuhälterei. Sie sehen, es ist alles drin.
Wenn ein Gewohnheitsverbrecher wie Frankie umgebracht wird, haben wir es – aber das wissen Sie alle selbst am besten – nicht mit einem simplen Mordfall zu tun. Gar nicht davon zu reden, daß er erst niedergeschlagen und dann, während er bewußtlos war, mit einem Messer abgestochen wurde. Mir liegt an einer schnellen Lösung, weil ich mir davon Hinweise auf andere Straftaten erhoffe. Bisher haben wir von unseren Spitzeln nur erfahren, daß Frankie ein großes Ding plante, aber niemand wußte genau, worum es sich handelte.« Der Inspektor legte eine Pause ein, sah mich an und vermerkte offenbar erfreut, daß ich keine blöden Fragen stellte, sondern brav wartete, bis er fertig war.
»Frankie scheint mit einem Gangster von außerhalb zusammengearbeitet zu haben«, fuhr der Inspektor fort, »einem gewissen Marty, von dem wir nichts wissen außer eben den Vornamen. Frankie wurde in einer Wohngegend in Washington Heights umgebracht. Das Haus, vor dem die Tat geschah, hat nur zwei Bewohner, die Hausbesitzerin, eine Mrs. Austin, und ihre einzige Mieterin, eine gewisse Ruth Thomas, neunzehn Jahre alt. Ruth leugnet, daß sie Frankie Sun kennt oder ihn je gesehen hat.« Der Inspektor deutete mit dem Daumen auf mich. »Das ist Patrolman Stewart, der Block gehört zu seinem Abschnitt. Er ist für diesen Fall zu uns abgestellt. Was ist das für eine Gegend, Stewart?«
Ich stand auf und kam mir zwischen diesen alten Hasen vor wie ein Schuljunge. »Es ist, soziologisch gesehen,

eine typische Kleinverdienergegend, und kriminologisch –«

»Was?« fragte der Inspektor.

»Kriminologisch gesehen ist der Befund ebenfalls typisch –«

»Reden Sie nicht so geschwollen daher, wir haben keine Zeit zu verlieren«, fuhr er mich an.

Einige seiner Kollegen schmunzelten vor sich hin, und ich lief rot an.

»Ja, Sir. Ich wollte sagen, daß es eigentlich eine ganz ordentliche Gegend ist, in der nicht viel vorkommt. Ein bißchen Glücksspiel, hier und da ein kleiner Buchmacher. Aber kein organisiertes Verbrechen. Bestimmt nichts, was einen Gangster wie Frankie Sun interessieren würde. Mrs. Austin können wir meiner Meinung nach vergessen. Sie ist eine ältere Dame, die das Haus nur zum Einkaufen verläßt. Meist werkelt sie in ihrem Garten herum. Von der jungen Frau weiß ich nicht viel, sie wohnt seit einem Vierteljahr dort und arbeitet als Verkäuferin in einem Billigladen auf der Amsterdam Avenue. Sie sieht nicht danach aus, als wenn sie sich mit einem Ganoven einlassen würde –«

»Wenn sie neunzehn ist«, unterbrach mich ein flott gekleideter Kriminalbeamter, »könnte sie durchaus der Typ sein, der Frankie reizen würde, er ist immer für was Junges.«

»Diese Miss Thomas ist nicht gerade ein Glamourgirl«, sagte der Inspektor vom Morddezernat. »Ein mageres, unscheinbares Ding aus einem Provinznest. Berichten Sie, was Sie über das Mädchen erfahren haben, Stewart.«

»Ja, Sir. Natürlich liefert so ein Mord idealen Gesprächsstoff für die Nachbarschaft. Es gibt da einen Schuster, einen gewissen Jake Cook. Seine Werkstatt ist gegenüber von Mrs. Austins Haus. Er hat nie vergessen, daß er während des Zweiten Weltkriegs bei der Militärpolizei war, und redet gern über polizeiliche Arbeitsweisen mit mir. Er behauptet, daß Frankie Sun das Haus beobachtet und mehrere Tage Miss Thomas beschattet hat. Auf einem Foto hat er Frankie als den Mann identifiziert, den er zunächst für einen eifersüchtigen Freund gehalten hat.«

»Scheint mir einen Verbrechertick zu haben, der Mann«, sagte ein anderer Kriminalbeamter.

»Na ja, er ist ein frustrierter Cop, das stimmt«, sagte ich. »Aber Tick wäre wohl zuviel gesagt. Er –«

Der Inspektor hob eine schwere Hand. »Jetzt kennen Sie die Fakten. Ich habe mit diesem Cook gesprochen, er ist ganz sicher, daß er Frankie vor dem Haus hat herumlungern sehen. Wir haben telegrafisch in der Heimatstadt von Miss Thomas Informationen über sie erbeten. Stewart und ich werden sie uns heute vormittag noch vornehmen.« Er nickte zwei der Kriminalbeamten zu. »Sie nehmen sich Mrs. Austin und ihre Vergangenheit vor. Die anderen klappern die Bars ab und halten Kontakt mit den V-Männern. Ich will wissen, wo Frankie Sun gewohnt und was er hier getrieben hat. Halten Sie mich auf dem laufenden. Das ist alles.«

Bei Miss Thomas war nicht viel zu holen. Sie war schüchtern – offensichtlich hatte sie trotz der väterlichen Stimme des Inspektors Angst vor der Polizei – und ein bißchen verärgert, weil man sie aus dem Geschäft geholt hatte und sie ein paar Stunden Lohn verlor. Sie war vor einem Vierteljahr aus einem kleinen Nest nach New York gekommen, um sich hier Arbeit zu suchen, und hatte schon

am ersten Tag den Job in dem Billigladen gefunden. Nein, sie kannte hier keine Seele außer Mrs. Austin und den anderen Verkäuferinnen. Nein, nein, einen Freund hatte sie nicht. Sie sah rührend dünn und jung aus in ihrem abgetragenen, einfachen Kleidchen. Ich hatte bisher immer gedacht, daß man auf dem Land wenigstens genug zu essen kriegt, aber Ruth Thomas sah aus, als wäre sie mehr als einmal hungrig zu Bett gegangen.
Der Inspektor fragte sie immer wieder, ob sie in letzter Zeit irgend etwas Ungewöhnliches erlebt habe. Nein, meinte Miss Thomas, sie erlebte nie was Ungewöhnliches. Sie ging zur Arbeit, wärmte sich auf dem kleinen Kocher in ihrem Zimmer eine Kleinigkeit und verbrachte die Abende über Stenographie- und Bürolehrbüchern. Nein, ausgegangen war sie noch nie, nicht mal ins Kino, sie konnte es sich nicht leisten, und außerdem hielt sie es fast für eine Sünde, Geld zu verschwenden. Sie wollte, wenn sie genug gespart hatte, auf eine Handelsschule gehen. Stolz zeigte sie uns ihr Sparbuch. Sie hatte seit ihrer ersten Lohnzahlung fünf Dollar pro Woche auf die hohe Kante gelegt, weitere fünf Dollar schickte sie alle vierzehn Tage an ihre Familie.
Als sie das Revier verließ, schickten sie mich hinterher. Sie ging zu Fuß, um das Fahrgeld zu sparen, und sah sich dabei die Schaufenster an. Komisch fand ich es allerdings, daß ein so bettelarmes Ding sich ausgerechnet die Schaufenster der teuersten Läden besonders ausgiebig anschaute.
Nachdem sie in dem Geschäft verschwunden war, machte ich mich daran, die Geschäfte der Umgebung abzuklappern. Die Leute sahen sich Frankies Fotos an und erklärten, sie hätten ihn noch nie gesehen. Um vier kam

ich ins Revier zurück. Es schien, als ob wir uns im Kreis bewegten. Ein Team unserer Leute hatte inzwischen festgestellt, daß Frankie eine billige Bude an der Penn Station gehabt hatte. In dem Zimmer selbst war nicht viel zu sehen, er war erst letzte Woche dort eingezogen. Sie stöberten auch eine Kellnerin auf, mit der Frankie ausgegangen war. Sie sagte, er hätte davon gesprochen, bald »ein großes Ding« zu drehen, aber sie hatte geglaubt, er wolle sich nur wichtig machen. Von einem Marty hatte sie noch nie gehört, wo Frankie vorher gewohnt hatte, wußte sie nicht, und auch sonst konnte sie uns nichts weiter über ihn erzählen.

Die V-Männer hatten nichts Neues geliefert, und über Mama Austin gab es, wie ich mir gleich gedacht hatte, nichts Interessantes zu berichten.

Am nächsten Tag folgte ich Ruth Thomas ins Geschäft und abends wieder nach Hause. Ich stellte den anderen Verkäuferinnen die üblichen Routinefragen, bekam aber nur soviel heraus, daß sie in ihren Augen ein »richtiges Landei« war. Ruth war nicht sehr beliebt bei ihnen, weil sie jeden Cent zehnmal umdrehte und nie von einem Rendezvous sprach. Als ich ins Revier zurückkam, um meinen Bericht zu schreiben, hatte ich den Eindruck, daß die aus der City das Interesse verloren hatten. Der Inspektor hatte den Fall abgegeben, und mir wurde gesagt, ich sollte mich am nächsten Tag wieder zum Streifendienst melden, zur Vier-Uhr-Schicht. Über die unerwartete Dienständerung war ich sauer, weil ich mich am nächsten Abend mit meiner Freundin fürs Kino verabredet hatte.

Am nächsten Tag machte ich meine Streife, dann rief ich den Diensthabenden an und schwatzte ein bißchen mit Jake Cook. Ich fragte ihn, ob er noch immer sicher sei, daß

Frankie Sun Miss Thomas beschattet hatte. Das schien mir der springende Punkt bei der Sache zu sein. Jake hielt mir einen Vortrag über sein unbezweifelbares Talent, einen Schatten zu erkennen, und wie wir noch an der Tür seiner Werkstatt standen und redeten, hörten wir von der Ecke her Geschrei. Es war kurz nach sechs und wurde schon dunkel. Jake und ich sprinteten hin, direkt in eine Gruppe hysterischer Weiber hinein, die um Ruth Thomas herumstanden. Sie lag bewußtlos auf dem Gehsteig. Ihr Kleid war an der Schulter zerrissen, ihr Mund und ihr rechtes Auge bluteten.

Zwei Frauen sagten, sie hätten Ruth »Nein! Nein!« schreien hören und hätten gesehen, wie ein vierschrötiger Kerl auf sie eingeschlagen hatte. Als die Frauen anfingen zu kreischen, war er weggerannt. Ich bat Jake, einen Krankenwagen zu holen und versuchte, die Frauen soweit zu beruhigen, daß sie mir eine Beschreibung des Kerls geben konnten. Aber es war schon zu dunkel. Sie konnten mir nichts weiter sagen, als daß er einen bärenstarken Eindruck gemacht hatte, einen Hut und einen grauen Mantel getragen hatte und sehr schnell gelaufen war. Fast gleichzeitig mit dem Sanka kam ein Streifenwagen. Ruth Thomas sei so weit in Ordnung, sagte der Doktor, es sei hauptsächlich der Schock. Er gab ihr ein Beruhigungsmittel, und der Streifenwagen fuhr sie nach Hause.

Als ich im Revier anrief, wies der Sergeant mich an, vor ihrem Haus Posten zu beziehen. Jake hatte seine Wohnung über der Werkstatt, und nach dem Abendessen kam er heraus und erkundigte sich, was es Neues gab. Ich sagte ihm, daß Ruth ein Beruhigungsmittel bekommen hatte und abtransportiert worden war, ehe ich Zeit gehabt hatte, sie auszufragen.

Jake paffte seine Pfeife. »Ist ja ganz klar, worauf der Typ aus war.« Sein Ton sagte mir deutlich genug, was er meinte.
»Um diese Zeit? Auf einer Straße voller Feierabendverkehr?«
»Ich hab bei der Army so einen Fall gehabt«, sagte Jake nachsichtig. »Da hat ein Typ bei hellichtem Tag versucht, ein Mädchen auf einer belebten Straße zu überfallen. Diese Burschen sind doch sowieso alle nicht ganz dicht. Alle haben gehört, wie sie ›Nein! Nein!‹ geschrien hat. Was soll es denn sonst gewesen sein?«
»Eine Verbindung zu dem Mord an Frankie Sun – das ist es gewesen.«
Jake war nicht meiner Meinung. Er tönte mir eine Stunde lang die Ohren voll, dann brachte Mrs. Austin mir eine Tasse Kaffee und jammerte mir eine halbe Stunde lang was vor, so nach dem Motto: ›Furchtbar, wie diese Gegend heruntergekommen ist. Als ich vor zweiunddreißig Jahren hier eingezogen bin, war das ein elegantes Wohnviertel...‹ Und so weiter und so fort. Als sie gerade mal Atem holte, bat ich sie, mir Bescheid zu sagen, wenn Miss Thomas wieder ansprechbar war.
Gegen Mitternacht fuhr mich ein Streifenwagen zum Revier. Sie hatten die Einzelbewachung aufgehoben, aber der Mann von der Nachtstreife sollte das Haus im Auge behalten. Es wunderte mich, daß sie mich abgezogen hatten, und das sagte ich auch, aber damit handelte ich mir nur ein paar spitze Bemerkungen des Sergeants ein. Von wegen Übereifer und so.
Ich setzte mich in meinen alten Schlitten und fuhr wieder zu Mrs. Austin. Den Streifenpolizisten ließ ich in dem Glauben, daß ich dienstlich da war. Mrs. Austin kam im

Nachthemd und einer ulkigen Spitzenhaube zur Tür. Als ich fragte, ob ich Miss Thomas sprechen könnte, fuhr sie mich giftig an: »Um diese Zeit? Deshalb haben Sie mich aus dem Bett geholt? Mag sein, daß sich die Gegend geändert hat, junger Mann, aber ich führe noch immer ein ordentliches Haus, und –«
»Es geht um eine polizeiliche Ermittlung, Mrs. Austin.«
»Sie ist wach, gehen Sie meinetwegen rauf. Aber lassen Sie gefälligst die Zimmertür offen.«
Ruth Thomas saß mit blaurot schillerndem Gesicht in ihrem einfachen Metallbett. »Jetzt schildern Sie mir bitte einmal ganz genau, was geschehen ist, Miss Thomas«, sagte ich.
»Ein Mann stürzte sich auf mich und schlug mir ins Gesicht. Mehr weiß ich nicht.«
In ihrer Stimme schwangen Angst und Trotz.
»Hat er nichts gesagt?«
»Nein. Und ich hab ihn noch nie gesehen. Ich hab ihn kaum ansehen können, als –«
»Miss Thomas, ich weiß nicht, in was Sie verwickelt sind, aber ich würde Ihnen raten, mir die Wahrheit zu sagen. Sie haben es mit einem Killer zu tun. Warum haben Sie ›Nein! Nein!‹ geschrien?«
Sie schien zu schrumpfen, noch kindlicher zu werden. Dann gab sie auf. »Na schön, ich sag's Ihnen. Ich habe Angst. Er wollte das Geld, und ich hab nein gesagt. Er hat sich auf mich gestürzt und gefragt: ›Wo ist das Geld? Her damit!‹«
»Was ist das für Geld?«
»Ich – ich hab vor ein paar Tagen, als ich aus dem Geschäft kam, eine Brieftasche mit zwei Hundert-dollar-scheinen gefunden.«

»Wo ist die Brieftasche jetzt?«
Sie zögerte sekundenlang und sah mich aus ihren verschwollenen Augen böse an, dann zog sie das abgewetzte Ding unter dem Kopfkissen hervor. Es war eine alte, abgegriffene braune Lederbrieftasche, in der nichts weiter steckte als die zweihundert Dollar.
»Sie gehört mir, ich hab sie gefunden«, sagte Ruth Thomas und versuchte, sie mir wieder abzunehmen. Sie trug ein dünnes Nachthemd, und Arm und Schulter waren so hager, daß ich mir beim besten Willen nicht vorstellen konnte, daß Frankie – oder sonst ein Mann – sich für so was interessieren konnte.
Ich schob ihre Hand beiseite. »Haben Sie jemandem davon erzählt?«
»Nein. Geben Sie her.«
»Sie hätten uns das schon gestern sagen sollen«, sagte ich, und etliche Groschen fielen bei mir. Ich machte Anstalten, die Brieftasche einzustecken. Ihr spitzes Gesicht verzerrte sich. »Sie gehört mir«, keifte sie. Ich versuchte ihr zu erklären, daß jeder Bürger die Pflicht hat, gefundenes Geld der Polizei zu übergeben, aber der Vortrag kam bei ihr nicht an. Ich notierte die Seriennummern und gab ihr die Scheine und die Brieftasche zurück.
»Ich möchte nicht, daß Sie sonst jemandem etwas von dem Geld erzählen, Miss Thomas. Nicht einmal Mrs. Austin.«
»Mach ich auch nicht. Sie gehört mir, das geht niemanden was an.« Sie hatte die Brieftasche fest umklammert.
»Jetzt versuchen Sie zu schlafen. Ich komme morgen früh wieder vorbei. Verlassen Sie auf gar keinen Fall das Haus, bis ich zurückkomme, haben Sie verstanden?«
Sie nickte, schob die Brieftasche unter das Kopfkissen

und schloß die Augen. Ich ging nach unten. Da stand Mrs. Austin. Bestimmt hatte sie gelauscht. Wieviel sie mitbekommen hatte, wußte ich natürlich nicht.
Ich fuhr zum Revier zurück. Der Diensthabende war ein fetter Bursche mit breitem Grinsen, immer zu Witzen aufgelegt. Als ich ihm erzählte, daß Ruth das Geld gefunden hatte, lachte er. »Das hat Zeit bis morgen früh, mein Junge. Kann mir schon denken, wie Ihnen zumute ist. Beim ersten großen Fall sieht man überall Spuren. Ich hab zu tun. Besprechen Sie's morgen früh mit dem Lieutenant, so lange hält es sich bestimmt.« Er lehnte sich in seinem Drehsessel zurück. Ich erwartete jeden Augenblick, daß er unter seinem Gewicht nach hinten kippen würde. »Sie sind noch neu bei uns, Stewart, lassen Sie sich raten. Dienst ist Dienst, und Freizeit ist Freizeit. Machen Sie Ihre Streife und spielen Sie nicht den Filmdetektiv. Wozu haben wir denn die Kollegen von der Kriminalpolizei?« Damit die ihre Hosenböden auf den Sesseln abwetzen, dachte ich.
Von unten rief ich im Morddezernat an. Als ich die Privatnummer des Inspektors haben wollte, hieß es: »Glauben Sie wirklich, daß es wichtig ist, Sonny?«
»Ich habe da eine Theorie...«
»Eine Theorie? Wenn Sie ihn wegen einer spinnigen Theorie aus dem Bett holen, reißt er Ihnen den Kopf ab. In Ihrem eigenen Interesse rate ich Ihnen: Warten Sie bis morgen früh. Bis er die zweite Tasse Kaffee intus hat.«
Ich rief in der Zentrale an, und da stöberte ich wenigstens jemanden auf, der sich bereit fand, mir ein paar Fakten zu dem Überfall auf den Geldtransporter zu geben. Ich kramte in der Garderobe herum, fand zwei leere Schuhkartons und wickelte sie in Zeitungspapier. Dann stieg

ich in meinen Wagen und stellte mich für den Rest der Nacht vor Mrs. Austins Haus. Ob sonst noch jemand das Haus beobachtete, war nicht zu erkennen. Es standen zu viele geparkte Wagen herum, und es gab genug Pensionen in der Nähe, von denen aus man das Haus anpeilen konnte. Um sieben betrat ich mit meinen Schuhkartons durch die Hintertür ein Apartmenthaus, stieg über zwei Zäune und landete in Mrs. Austins liebevoll gepflegtem Garten.

Der alten Dame fuhr der Schreck in die Glieder, als sie mich da plötzlich anspazieren sah, und ich mußte mir eine längere Gardinenpredigt anhören, weil ich auf ihren Blumen herumgetrampelt war. Ruth Thomas war angezogen und trank in der Küche eine Tasse Kaffee. Ihr Gesicht war nicht geschwollen, aber ihre Lippen waren noch wund und ihr Auge blaurot. »Ich möchte Sie um einen Gefallen bitten, Miss Thomas«, sagte ich.

»Ich wollte eigentlich zur Arbeit gehen, sonst verliere ich einen Tag Lohn.«

Ich zögerte, aber mal muß der Mensch auch was riskieren. »Den ersetze ich Ihnen.«

Sie sah mich an und schien so ihre Zweifel zu haben, daß ein Cop das überhaupt kann, selbst wenn es nur der Lohn für eine kleine Verkäuferin ist. Wenn ich richtig lag, würde Vater Staat zahlen.

»Na ja, mein Auge sieht noch ziemlich schlimm aus«, räumte sie ein. »Um was geht's denn?«

»Nehmen Sie dieses Paket und gehen Sie damit langsam zur Bibliothek und wieder zurück.«

Sie warf mir einen Blick zu, den sie wohl für pfiffig hielt. »Warum?«

»Das braucht Sie nicht weiter zu kümmern. Wir legen

Ihnen noch einen Fünfer zu«, sagte ich großzügig und redete mir ein, daß ich bestimmt richtig lag.
»Kommt mir albern vor«, sagte Mrs. Austin. »Möchten Sie eine Tasse Kaffee, junger Mann?«
»Nein, danke. Werden Sie es tun, Miss Thomas?«
»Was wird passieren?«
»Vielleicht gar nichts. Aber wenn der Kerl sich den Karton schnappen will, geben Sie ihn ruhig her. Wehren Sie sich nicht, und sagen Sie kein Wort.« Ich hätte ihr gern gesagt, sie sollte sich auf den Boden werfen, wenn Marty auftauchte, oder so schnell wie möglich wegrennen – aber ich brauchte einen Lockvogel, und es mußte Ruth sein.
»Wenn ich es tue«, sagte sie, »kann ich ... kann ich dann das behalten, was ich Ihnen gestern gezeigt habe?«
Mrs. Austin fuhr ihre Ohren aus wie Antennen.
»Ja«, versprach ich.
Um acht verließ Ruth Thomas das Haus, das Paket unter dem Arm. Ich folgte ihr im Wagen. Den Revolver hatte ich neben mich auf den Beifahrersitz gelegt. Sie ging die drei Blocks zur Bibliothek, die geschlossen war. Es tat sich nichts. Dann machte sie kehrt.
Als sie in ihre Straße einbog, sprang ein vierschrötiger Typ in lockerem braunem Anzug aus einem Hauseingang, schnappte sich das Paket und setzte sich in Trab, zum Glück in meine Fahrtrichtung. Ich überholte ihn und rief: »Polizei. Stehenbleiben oder ich schieße, Marty.«
Es war, als wenn man Wild aus einem Auto schießt, ich habe mal darüber gelesen. Noch immer rennend klemmte er sich das Paket unter den linken Arm und griff mit der rechten Hand nach seinem Schulterhalfter. Ich erwischte ihn mit einer Kugel an der Schulter und machte ihn mit

einem zweiten Schuß – einem Zufallstreffer – ins rechte Bein bewegungsunfähig.

Wir saßen alle miteinander im Einsatzraum. Etliche hohe Tiere aus der City waren gekommen, und auch Ruth Thomas war da. Sie sah sehr blaß und ängstlich aus. Ich fühlte mich großartig. Die Beförderung zur Kriminalpolizei war mir sicher, und es war ein gutes Gefühl, den alten Hasen verklickern zu können, wie ich es gemacht hatte.
»Als mir Miss Thomas von den zwei Hundert-dollar-scheinen erzählte, die sie gefunden hatte, wurde mir klar, warum Frankie Sun ihr gefolgt war. Ich wußte, daß letzte Woche der Wachmann eines Geldtransporters niedergeschlagen worden war und sich zwei Männer mit einem Sack voller Hundert-dollar-scheine davongemacht hatten. Und ich hatte so das Gefühl, daß das Frankie und Marty gewesen sein mußten. Wie wir jetzt aus Martys Geständnis erfahren haben, hat Frankie ihn reingelegt und sich mit sechzigtausend Dollar in Hundert-dollar-scheinen verflüchtigt. Zweierlei bereitete ihm Kopfschmerzen. Erstens, ob ihn sein Partner vielleicht doch finden würde, und zweitens, ob das Geld echt war. Echt in dem Sinn, daß es kein Ködergeld war, also ein paar Scheine, deren Nummern bekannt waren, oder, da es sich um große Scheine handelte, ob nicht etwa sämtliche Seriennummern bekannt waren. Deshalb –«
»Alle Nummern waren bekannt, sie sind vor dem Verladen notiert worden«, schaltete der Lieutenant sich ein. »Frankie hätte mit dem Geld nichts anfangen können. Es war auch nicht besonders schlau von ihm, daß er das Paket in der Gepäckaufbewahrung der Penn Station deponiert hatte. Wenn wir erst wußten, daß er der Bank-

räuber war, hätten wir mit einer Routineprüfung –«
Der Inspektor vom Morddezernat unterbrach ihn. »Hören wir uns erst den Rest der Geschichte an, ehe wir in Einzelheiten gehen. Fahren Sie fort, Patrolman Stewart.«
»Ja, Sir«, sagte ich stolz. »Frankie hatte nur eine Möglichkeit festzustellen, ob das Geld ›echt‹ war. Er mußte etwas ausgeben, besser noch, es von anderen Leuten ausgeben lassen. Er steckt also zwei Scheine in eine Brieftasche und läßt sie auf der Straße fallen. Miss Thomas findet sie, und Frankie geht ihr nach, weil er sehen will, was sich tut, wenn sie das Geld ausgibt. Es war sein Pech, daß sie es nicht ausgegeben hat, und daß Marty ihn dabei ertappte, wie er Mrs. Austins Haus beobachtete. Offenbar hielt Marty Miss Thomas für Frankies Freundin und sagte sich, sie müsse die sechzigtausend Klicker haben. Und da habe ich ihm eben mit ihrer Hilfe eine Falle gestellt und ihn geschnappt.«
»Gut gemacht, Stewart«, sagte der Inspektor. »Ein bißchen Glück war allerdings auch dabei.« Er wandte sich lächelnd Ruth Thomas zu. »Warum haben Sie das Geld nicht ausgegeben?«
»Ausgegeben? Zweihundert Dollar?« fragte Ruth empört. »Das wäre doch wirklich dumm gewesen. Ich habe noch nie soviel Geld auf einem Haufen gesehen. Ich wollte es auf die Bank bringen, weil ich doch für die Handelsschule spare, aber ich habe es immer wieder aufgeschoben. Sie sahen so schön aus, diese beiden Scheine, daß ich mich einfach nicht von ihnen trennen konnte.«
»Da fällt mir ein ...« Der Lieutenant streckte seine Hand aus. »Kann ich bitte das Geld haben? Es gehört der Bank.«
Ruth sah mich erschrocken an. »Aber Sie haben mir doch versprochen ...«

»Geben Sie ihm das Geld, Miss Thomas. Und machen Sie sich keine Sorgen. Auf Sie wartet eine Belohnung von fünftausend Dollar oder jedenfalls ein Teil davon, je nachdem, wie der Inspektor es sieht.«

»Halbe halbe«, sagte der Inspektor.

Mir war das recht, auch minus die fünf Dollar. Ohne sie hätte ich es nicht hingekriegt.

Der geschenkte Meister

Jaime Sandaval

Schrill klingelte das Telefon auf meinem Nachttisch und riß mich aus dem Schlaf; es war zehn Minuten nach Mitternacht. Ich knipste das Licht an und nahm den Hörer von der Gabel.

»Mr. Martin? Ich bin's – Mickey Bananas«, sagte hastig eine tiefe Stimme. »Ich sitze in der Tinte. Die haben mich geschnappt, und jetzt bin ich hier auf der Polizeiwache. Wann können Sie frühestens da sein?«

Das ging zu weit! Ich legte den Hörer auf, löschte das Licht und drehte mich auf die andere Seite. Was es auch für Probleme sein mochten, die Michael Murdock alias Mickey Bananas mit der Polizei hatte, ich für meinen Teil hatte um diese Zeit Anspruch auf ungestörte Nachtruhe. Ich war zwar Rechtsanwalt, aber doch kein Trottel, mit dem man alles machen konnte. Das letzte Mal, als sich Mickey mit dem Gesetz angelegt hatte, hatte ich für ihn rausgeholt, was rauszuholen war. Und er? Er hat mir bis heute nur die Hälfte meines Honorars gezahlt. Das ist ein unverzeihlicher Verstoß gegen die guten Beziehungen zwischen Rechtsanwalt und Klient.

Gott sei Dank bestand keine Gefahr, daß er noch mal anrufen würde, um mich wieder zu stören. Gefangenen war nur ein Anruf erlaubt, und den hatte er ja gemacht. Am nächsten Morgen jedoch brachte er es fertig, durch einen Mithäftling, der entlassen wurde, an seine Freunde eine Nachricht hinauszuschleusen. Die legten für ihn eine Kaution auf den Tisch, und bereits am frühen Nachmittag erschien er in meinem Büro, lag meiner Sekretärin in den Ohren, daß er mich unbedingt sprechen müssen und wollte sich nicht abweisen lassen.

Ich wartete, bis der Krach im Vorzimmer so laut wurde, daß ich mich nicht mehr auf mein Kreuzworträtsel konzentrieren konnte. Erst dann drückte ich auf den Knopf der Sprechanlage und bat meine Sekretärin, ihn vorzulassen.

»Hör'n Sie mal, Sie können doch nicht einfach auflegen!« stürmte er polternd ins Zimmer und blieb breitbeinig vor meinem Schreibtisch stehen. Er hatte das Gesicht eines Cholerikers mit schlaffen, kraftlosen Zügen, ungefähr Mitte Vierzig. Er war einsachtzig groß und wog gut seine dreihundert Pfund: Alles in allem machte seine Erscheinung es den Zeugen leicht, ihn sich einzuprägen und ihn zu identifizieren. »Mann, Sie können doch nicht einfach auflegen!« wiederholte er. Sein anfangs drohender Ton klang nun eher gekränkt. »Ich hab Ihnen doch gesagt, daß ich in der Tinte sitze.«

»Mr. Murdock, ich bin ein äußerst beschäftigter Mann«, erwiderte ich mit gespreizter Förmlichkeit, »und ich habe wirklich nur Zeit für meine Klienten.«

»Na, aber ich bin doch Ihr Klient!« protestierte er heftig.

»Sie *waren* mein Klient!« korrigierte ich ihn. »Vor drei Monaten hörten Sie auf, einer zu sein. Nämlich mit dem versuchten Einbruch und den noch ausstehenden fünftausend Dollar.«

Nichts war schlimmer für Mickey, als sich von seinem Geld zu trennen, doch er wußte genau, wann er in der

Klemme saß. Auf der einen Seite hatte ihn die Polizei am Kragen, und auf der anderen trieb ich ihn in die Enge. Entweder rückte er mit den Moneten heraus, oder er mußte sich damit abfinden, ein paar Jahre im Knast zu verbringen. Nein, so ganz ohne Widerstand ließ er sich nicht von den Bullen in den Zug nach Sing-Sing verfrachten! Langsam und widerwillig beförderte er ein Bündel funkelnagelneuer Einhundertdollarnoten auf den Tisch.
Nachdem ich mich von ihrer Echtheit überzeugt hatte, ließ ich den Segen in der Schublade verschwinden. Dann lehnte ich mich in meinem Stuhl zurück und nickte zustimmend. »So, damit wäre also die alte Sache erledigt«, meinte ich. »Und nun können wir über das neue Honorar sprechen.«
Ich legte eine erwartungsvolle Pause ein, während mein Gegenüber fast noch widerwilliger ein weiteres Bündel Banknoten zum Vorschein brachte. Dreimal zählte es Mickey sorgfältig durch, bevor er es mir über die Tischplatte zuschob. »Sie sollten sich die Scheine erst mal verdienen!« brummte er.
»Sie wissen ganz genau, daß ich sie mir immer verdiene«, sagte ich ruhig, »sonst wären Sie nicht hier. Also fackeln Sie nicht lange und erzählen Sie, was Sie diesmal Fürchterliches angestellt haben.«
Meine kriminellen Klienten waren in drei Gruppen einzuteilen: solche, die einem nur Lügen auftischen und die kein Anwalt erfolgreich verteidigen konnte; einige, die weder unschuldig noch schuldig sein wollten, sondern sich nur hinstellten und kurz und bündig ihre Geschichte vorbrachten; und jene, die in ihrem Bericht auch nicht die winzigste Einzelheit vergaßen und damit

ihrem Verteidiger unliebsame Überraschungen ersparten.

Mickey gehörte zur letzten Gruppe. Er erzählte alles, nichts verschwieg er, außer vielleicht die dicke Beule, die sein Stolz bekommen hatte. Ein Ölgemälde hatte er aus der Kirche im Stadtzentrum gestohlen, und zwar in Gegenwart von einem halben Dutzend Zeugen, einer Gruppe ehrwürdiger Nonnen. Natürlich hatte man ihn schon ein paar Minuten später dingfest gemacht. Ein Priester mittleren Alters, der in seiner Studentenzeit zu den besten Sportlern Amerikas gehört hatte, erwischte Mickey gerade noch, als er ein paar Häuserblocks weiter in ein Taxi steigen wollte.

Nachdenklich trommelte ich mit meinen Fingerspitzen auf den Schreibtisch. Das war ja vielleicht eine nette Zusammensetzung von Umständen! Es sah ganz so aus, als ob Mickeys Verbrecherlaufbahn zumindest vorläufig ein Ende gefunden hätte.

»Wie lautet die Anklage?« fragte ich.

»Auf schweren Diebstahl. Das Gemälde ist mehrere tausend Dollar wert.«

Das machte die Sache perfekt – für den Ankläger. Nicht genug, daß Mickey mit der Beute in der Hand geschnappt wurde, für den Diebstahl gab es auch noch sechs Zeuginnen, deren Glaubwürdigkeit man schlecht anzweifeln konnte.

»Meinen Sie, daß Sie mich rauspauken können?« forschte Mickey mit einem kläglichen Lächeln und nickte dabei unbewußt auffordernd mit dem Kopf, als wolle er mir eine günstige Antwort entlocken; doch er wußte genau, woran er war.

Ich ließ seine Frage unbeantwortet. Wenn ich darauf

Wert legte, von ihm ein volles Honorar zu bekommen, dann war jetzt der geeignete Moment. Wenn nämlich ein Klient erst mal hinter schwedischen Gardinen sitzt, kann man ewig auf sein Geld warten. Ich erklärte Mickey, daß ich in diesem Fall für ihn keinen Finger rühren würde, ehe ich nicht mein volles Honorar von ihm bekommen hätte, und nannte ihm die Summe.

Was mußte der Kerl für eine Angst haben! Denn vierundzwanzig Stunden später hatte ich bereits das Geld in Händen und verpraßte es innerhalb von zwei herrlichen, ausgelassenen Wochen in Las Vegas. In Mickeys Fall hätte kein Verteidiger etwas vor der Verhandlung unternehmen können. Ich brauchte also kein schlechtes Gewissen zu haben. Alles, was ich tun konnte, war, auf ein Wunder zu hoffen, und das konnte ich in Las Vegas so gut wie in meiner Kanzlei.

Es dauerte über ein Jahr, bis es zur Verhandlung kam. Als Richter hatten wir Charles Fitch zugeteilt bekommen. Fitch war ein Exzentriker und auf seine Weise einzigartig. Es war mir nämlich aufgefallen, daß bisher alle Angeklagten, die eine Modelleisenbahn als Hobby hatten oder Münzen und Briefmarken sammelten, von ihm nie zur Höchststrafe verurteilt worden waren. So riet ich Mickey, ein altes Briefmarkenalbum zu kaufen und es jeden Tag bei der Verhandlung unter den Arm zu klemmen. Wenn die Dinge sich so entwickelten, wie ich leider vermutete, war dieser Ratschlag vielleicht das einzige, was ich tun konnte, um mein Honorar zu verdienen.

Als Ankläger hatten wir Bill Ogden, einen alten Fuchs mit gut zwanzig Jahren Gerichtserfahrung. Bill machte kaum Fehler, ebensowenig seine sorgfältig präparierten

Zeugen. Wir hatten schon mehr als ein Dutzend Kämpfe vor Gericht ausgefochten und gerade ein Unentschieden bei der Zahl unserer Siege erreicht, und diesmal war es ihm an der Nasenspitze anzusehen, daß er damit rechnete, durch Mickeys Fall in Führung zu gehen.

Die Wahl der Geschworenen verlief reibungslos, ohne daß einer von uns sich veranlaßt fühlte, von seinem Ablehnungsrecht Gebrauch zu machen. Darauf rief Bill Ogden die sechs Nonnen in den Zeugenstand. Eine nach der anderen beschrieb den Diebstahl und identifizierte Mickey. Danach wurde der Beamte aufgerufen, der ihn verhaftet hatte, und der sportliche Priester, der ihm nachgelaufen war und ihn festgehalten hatte. Beide berichteten ausführlich, wie sie Mickey mit dem Gemälde in der Hand erwischt hatten. Aufmerksam folgte ich ihren Worten und nahm mir vor, jeden von ihnen ins Kreuzverhör zu nehmen, obwohl ich merkte, daß Mickey langsam nervös wurde. Schließlich brachte Bill Ogden das wichtigste Beweisstück der Anklage zum Vorschein: das gestohlene Gemälde. Dann rief er den sechzigjährigen Kirchenverwalter, Monsignore O'Malley, in den Zeugenstand. Wenn dieser auch nicht der Besitzer des Gemäldes war, so war er doch für dessen Sicherheit verantwortlich, hatte die Anklageschrift unterzeichnet und damit die Inhaftierung meines Klienten rechtsgültig gemacht. Dagegen konnte ich nichts einwenden.

Leider ist es nahezu unmöglich, einen Mann von der Kirche ins Kreuzverhör zu nehmen, ohne damit die Geschworenen gegen den Verteidiger und seinen Klienten einzunehmen. Doch was sollte ich tun? Mir blieb keine andere Wahl. Als Ogden seine Befragung beendet hatte, erhob ich mich und begann:

»Monsignore O'Malley, Sie sind derjenige, der der Polizei den Diebstahl des Gemäldes gemeldet hat?«
»Ja.«
»Hatten Sie bei Ihrer Meldung nichts übersehen?«
»Nun, ich meldete, daß das Gemälde aus der Kirche entwendet wurde, wenn Sie das meinen.«
»Hatten Sie Angaben über den Wert des Gemäldes gemacht?«
Sofort schnellte Bill Ogden hoch: »Euer Ehren, ich erhebe Einspruch! Ich glaube nicht, daß diese Frage im Moment eine Rolle spielt.«
Richter Fitch überlegte einen Augenblick, dann wandte er sich mir zu: »Mr. Martin, mir ist zwar nicht bekannt, daß Monsignore O'Malley ein Kunstexperte ist, doch wenn es Ihre Absicht ist, etwas über den Wert des Gemäldes zu erfahren, halte ich es für angebracht, es jetzt zu tun, um dem Zeugen eine nochmalige Vernehmung zu ersparen.«
»Danke, Euer Ehren.« Ich machte eine kleine Verbeugung und wandte mich wieder dem Zeugenstand zu.
»Monsignore O'Malley, haben Sie, als Sie den Diebstahl meldeten, Angaben über den Wert des Bildes gemacht?«
»Ich sprach davon, daß das Gemälde von besonders großem Wert sei«, entgegnete er langsam und vorsichtig.
An der Formulierung seiner Antwort erkannte ich, daß Ogden ihn offensichtlich vorher über meine Befragungstechnik aufgeklärt hatte.
»Haben Sie diesen besonders großen Wert in Zahlen ausgedrückt?« wollte ich nun wissen.
»Nein, das habe ich nicht. Als das Gemälde der Kirche geschenkt wurde, berichteten die Zeitungen darüber, und nur daher ist mir der Wert bekannt.«

»Aha, Zeitungsberichte!« wiederholte ich. »Wann erfolgte die Schenkung?«
»Ich glaube 1955 oder 1956. So etwa um diese Zeit herum. Ich kann mich nicht mehr an das genaue Datum erinnern.«
»Aber Sie erinnern sich noch an den Wert, den man damals dem Bild zuschrieb?«
Wieder war Ogden sofort auf den Beinen. »Euer Ehren, ich erhebe Einspruch. Das ist eine Suggestivfrage.«
»Dieser Ansicht bin ich nicht, Herr Staatsanwalt. Wenn Monsignore sich daran erinnern kann, habe ich gegen eine Beantwortung der Frage nichts einzuwenden«, wies ihn Richter Fitch zurecht.
Doch so leicht gab sich Ogden nicht geschlagen. »Euer Ehren, so formuliert bezieht sich die Frage auf eine Schätzung des Wertes durch einen Dritten. Dieser Umstand würde es mir unmöglich machen, die Frage des Wertes ins Kreuzverhör zu übernehmen.« Ogden liebte es, seine Worte mit einer Menge ausdrucksvoller Gesten zu unterstreichen. Es war unübersehbar, daß er ein Anhänger der Fernsehserie mit Perry Mason war.
Richter Fitch schaute zu mir herüber. »Mr. Martin, ich muß dem Einspruch gegen die Form der Frage stattgeben.«
Ich beschloß, mich auf andere Weise vorzutasten. »Monsignore O'Malley, wissen Sie, wer der Kirche das Gemälde geschenkt hatte?«
»Ja.«
»Wer war es denn?«
»Mr. Nicholas Fisher.«
»Der von Film und Fernsehen bekannte Schauspieler Nicholas Fisher?«

»Ja.«
»Gehört Nicholas Fisher zu Ihrer Gemeinde?«
»Nein.«
»Wissen Sie etwas über den Grund seiner Schenkung?«
»Nein.«
»Machte er die Schenkung persönlich?«
»Nein.«
»Wer war mit der Durchführung der Schenkung beauftragt?«
»Mr. Sylvester Benton.«
»Ist Mr. Benton ein Ortsansässiger?«
»Wenn man Brooklyn als Ort bezeichnen kann, ja.« Monsignore erlaubte sich ein mattes Lächeln.
»Kennen Sie den Beruf von Mr. Benton?«
»Er ist Kunstkritiker und Schätzer.«
Ich nickte. »Als Ihnen Mr. Benton im Auftrag von Mr. Fisher die Schenkung machte, waren da Begleiturkunden oder Dokumente beigefügt, die die Echtheit des Gemäldes bestätigten?«
»Ich kann mich an nichts dergleichen erinnern.«
Damit beendeten wir den ersten Verhandlungstag.
Meiner Meinung nach konnten wir mit dem bisherigen Verlauf zufrieden sein. Doch Mickey Murdock teilte meine Ansicht nicht. Er konnte keinerlei Erfolge meiner Taktik erkennen. »Sie haben wohl gar nicht die Absicht, mich rauszuhauen, wie?« schimpfte er, als wir dem Ausgang zueilten.
»Mickey«, versuchte ich, ihm verständlich zu machen, »die Anklage beruft sich auf schweren Diebstahl, doch bis jetzt hat noch kein Mensch bewiesen, daß das Bild auch nur zehn Cent wert ist. Man kann zwar beweisen, daß Sie es gestohlen haben, aber das genügt doch nicht,

um eine Anklage wegen schweren Diebstahls zu rechtfertigen. Sie müssen auch den angeblich hohen Wert des Bildes nachweisen. Ich nehme an, daß der Staatsanwalt die beträchtlichen Ausgaben für einen Gutachter scheuen wird und Sie lieber morgen dazu auffordert, sich eines geringeren Vergehens schuldig zu bekennen.«
Doch ich sollte mich getäuscht haben.
Statt den erwarteten Vorschlag zu machen, rief Ogden als ersten Zeugen den Kunstschätzer, Mr. Benton, auf. Benton war klein, schmächtig und glatzköpfig; nur ein schmaler Kranz weißer Löckchen umrahmte seinen rosig glänzenden Schädel. Außerdem fiel mir sofort auf, daß seine Fußknöchel außergewöhnlich hoch über die Schuhe ragten. Er mußte also Einlagen tragen, um größer zu erscheinen. In seinem Alter war das ein Zeichen von großer Eitelkeit. Das war ein Punkt, wo ich einhaken konnte. In diesem Fall mußte ich jede Chance nutzen, die sich mir bot. Benton wurde vereidigt, und Bill Ogden begann mit dem Verhör. »Würden Sie bitte Ihren Namen nennen?«
»Sylvester Benton.«
»Welchem Beruf oder welcher Beschäftigung gehen Sie nach?«
»Ich arbeite als Kunstkritiker für eine Zeitung dieser Stadt und für mehrere Magazine. Außerdem bin ich Kunstschätzer und habe mich auf italienische Meister spezialisiert.«
»Leben Sie in New York City oder in der näheren Umgebung?«
»Ja, in Brooklyn.«
»Wo haben Sie studiert?«
»An der Columbia-Universität.«

»Und was studierten Sie dort?«
»Kunst und Kunstgeschichte.«
»Promovierten Sie?«
»Ja.«
»An welcher Universität war das, Mr. Benton?«
»An der Universität von Kalifornien in Los Angeles und an der Akademie der Bildenden Künste in München.«
»Haben Sie einen akademischen Grad erworben?«
»Ja, den Doktorgrad.«
»Haben Sie noch an anderen Orten studiert?«
»Ja, ich war am Kunsthistorischen Institut in Florenz.«
»Wie lange waren Sie dort?«
»Ungefähr ein Jahr.«
»Wie lange üben Sie schon Ihren Beruf als Kunstkritiker und -schätzer aus?«
»Über zwanzig Jahre«, antwortete er.
Ogden nickte befriedigt und wandte sich an Richter Fitch. »Euer Ehren, man kann also Mr. Benton nicht nur allgemein als Kunstexperten bezeichnen, sondern auch als Experten für italienische Meister.«
»Mr. Martin, wünschen Sie ein Kreuzverhör über die Qualifikation des Zeugen?« fragte mich der Richter.
Ich stand auf. »Nein!« erklärte ich und setzte mich wieder. Mickey murrte, doch das ignorierte ich.
»Gut, gut. Bitte fahren Sie fort, Mr. Ogden«, sagte Fitch.
Bis zu diesem Moment hatte das Gemälde auf einer Staffelei direkt vor dem Richtertisch gestanden. Nun aber schob Ogden mit Hilfe einiger Gerichtsdiener die Staffelei zwischen die Geschworenenbank und den Zeugenstand. So konnte jeder im Gerichtssaal das Gemälde gut erkennen.
Nachdem er die Staffelei noch etwas zurechtgerückt hat-

te, begann er von neuem mit dem Verhör des Zeugen. »Mr. Benton, wollen Sie bitte etwas vortreten, um das Gemälde aus der Nähe betrachten zu können?«

Benton verließ den Zeugenstand und stellte sich seitlich zu dem Gemälde. Das Bild war fünfundsiebzig Zentimeter breit und einen Meter hoch. Von seinem Platz auf der Staffelei überragte es den schmächtigen Kunstschätzer um einiges. Ich versuchte, mir vorzustellen, wie Mickey Murdock sich verzweifelt bemüht hatte, es auf den Hintersitz eines Taxis zu zwängen. Ich blickte zu ihm hinüber, und als habe er meine Gedanken lesen können, hatte mein Klient den Anstand, einen roten Kopf zu bekommen.

»Sir, wurde Ihnen schon vor dem heutigen Tag einmal die Gelegenheit gegeben, dieses Gemälde zu prüfen?«

Nichts ist so beeindruckend, wie die ausgesuchte Höflichkeit, mit der ein Staatsanwalt seine Zeugen behandelt, außer vielleicht die nuancierte Arroganz, die er für die Zeugen der Gegenseite bereithält.

»Ja«, antwortete Benton, »ich wurde damals von Mr. Nicholas Fisher beauftragt, das Gemälde vor der Schenkung zu schätzen.«

»Konnten Sie zu diesem Zeitpunkt Alter und Wert des Gemäldes bestimmen?«

»Selbstverständlich. Es besteht kein Zweifel, daß dieses Werk zwischen 1500 und 1530 entstanden ist. Ich vermute, eher gegen 1530. Seinen gegenwärtigen Wert schätze ich auf etwa zweihunderttausend Dollar.«

Ein breites Lächeln erhellte das Gesicht von Ogden. »Würden Sie sich bitte die Mühe machen, Mr. Benton, und den Damen und Herren auf der Geschworenenbank, dem ehrenwerten Gericht sowie den anderen hier anwesenden Personen, einschließlich Mr. Martin, die Gründe für diese Ihre Meinung auseinandersetzen und vielleicht ein paar Worte hinzufügen, wie Sie dazu gekommen sind.«

Mit einer weitausholenden, eleganten Handbewegung deutete Benton auf das Gemälde. Er genoß es sichtlich, alle Augen auf sich gerichtet zu sehen. »Es gibt eine stattliche Zahl ähnlicher Ölgemälde, und alle, einschließlich diesem, sind Werke von Marco Delgardi und seinen Schülern. Jedoch nur wenige zeigen wie dieses Bildnis eine so erlesene Maltechnik, was darauf schließen läßt, daß Delgardi selbst es gemalt hat.«

Geziert wiegte sich Benton auf den Zehenspitzen. »Delgardi und seine Schüler malten ungefähr hundert Madonnenbilder wie dieses hier, und jedes zeigt das gleiche Motiv: Vor einem drapierten Vorhang steht oder sitzt die Madonna. Dieser Vorhang ist meistens grün, so wie Sie es hier auch sehen können. Die Madonna hält das Jesuskind in ihrem Arm, manchmal sitzt oder steht es auch auf ihrem Schoß. Im Hintergrund erscheinen stets Hügel und Wolken und –«

»Wer sind die anderen zwei Personen im Vordergrund?« unterbrach ihn der Staatsanwalt.

»Der kniende Mann, der gerade von dem Jesuskind gesegnet wird, ist eine Wiedergabe oder, wenn Sie so wollen, ein Porträt desjenigen, der das Bildnis in Auftrag gegeben hat. Das lange Haar – wie man es ja auch heute trägt – ist typisch für die venezianische Schule, das heißt also für die Gegend rund um Venedig. Die vierte Person ist der Schutzheilige des knienden Mannes, der diesen der Jungfrau und dem Kind vorstellt. Hier, auf unserem Bildnis, ist es der Schutzheilige St. Nicholas. Man kann

das an der Bischofsmütze und den drei goldenen Kugeln in seiner Hand erkennen«, führte er weiter aus.
Langsam erwärmte sich Benton für seine Aufgabe. »St. Nicholas erscheint besonders häufig auf diesen Gemälden, da in der damaligen Zeit in Italien viele Männer den Namen Nicolo trugen. Obwohl viele Bischöfe später zu Heiligen wurden, erkennt man ihn sofort an der Bischofsmütze und an den drei goldenen Kugeln, die eine seiner guten Taten symbolisieren sollen. Man erzählt sich, daß er diese Kugeln aus Gold einem Mädchen, das heiraten wollte, in der Nacht, während es schlief, aufs Bett legte, da sie viel zu arm war, um eine Aussteuer in die Ehe mitbringen zu können. Diese Geschichte führte dazu, daß man vor allem in Europa, in der Weihnachtszeit, den Namenstag von St. Nicholas zu einem besonderen Festtag gemacht hat und den Kindern erzählt, daß die Geschenke, die sie an diesem Tag erhalten, vom Nikolaus stammen.«
»Mr. Benton«, fragte Ogden, »können Sie uns die Technik dieses Künstlers noch etwas ausführlicher erklären?«
»Aber gern. Bei diesem Bildnis ist ausschließlich Delgardis Malweise angewandt worden. Der schwierigste Teil dabei ist die Madonna. Hier erzielte man mit einer transparenten Schicht direkt auf dem weißen Untergrund eine intensive Leuchtkraft der Farben. Diese Technik war damals nicht allgemein üblich und wurde auch nur bis spätestens 1530 angewendet.
Faktoren wie die Haltung der einzelnen Figuren oder die Farbe des Gewandes der Madonna – wie Sie sehen, haben wir hier ein sehr schönes Blau – änderten sich natürlich von Mal zu Mal. Die Künstler wurden es wahrscheinlich müde, für jeden Auftraggeber immer wieder

das gleiche Bild zu malen. Außerdem wirkte sich die Wahl der Farben auch auf die Höhe des Preises aus, da einige Pigmente teurer als die anderen waren. Doch die typisch venezianischen Farben und die unverkennbare Pinselführung machen mich absolut sicher, daß wir hier einen echten Delgardi vor uns haben, und zwar einen aus seiner besten Schaffenszeit.«

»Nun habe ich noch eine weitere Frage, Mr. Benton«, sagte Ogden mit sanfter Stimme. »Sie haben ausgesagt, daß Sie den Wert des Gemäldes auf zweihunderttausend Dollar schätzen. Ist das richtig?«

»Ja, das stimmt.«

»Würden Sie bitte die Freundlichkeit haben und uns erklären, wie Sie auf diese Summe kommen?«

»Vor ein paar Monaten erwarb ein Museum in Chicago ein ähnliches Werk bei einer Auktion in den Ausstellungsräumen von Sotheby's in London. Es wurden dafür fünfundsiebzigtausend englische Pfund bezahlt, das sind ungefähr zweihunderttausend amerikanische Dollar. Soweit ich beurteilen kann, ist dieses Bildnis in jeder Hinsicht mit dem von dem Chicagoer Museum ersteigerten zu vergleichen.«

»Danke, Mr. Benton«, sagte Ogden, »ich habe zunächst keine weiteren Fragen mehr.«

»Wir werden zehn Minuten Pause machen«, kündigte Richter Fitch an und bat den Gerichtsdiener, die Geschworenen in den Geschworenenraum zu führen.

Mickey und ich gingen in den Gang hinaus, damit er eine Zigarette rauchen konnte. Ich hatte mir die Giftpafferei vor ein paar Jahren abgewöhnt. Während Mickey mit gierigen Zügen rauchte, wollte er unbedingt hören, was ich über den augenblicklichen Stand der Verhand-

lung dachte. Natürlich ermunterte ich ihn mit zuversichtlichen, wenn auch völlig bedeutungslosen Worten. In Gedanken jedoch wiederholte ich immer wieder ein und denselben Satz: Bitte, laß ein Wunder geschehen! Nicht, daß ich etwa ungeduldig oder gar wütend wurde! Ein erfolgreicher Verbrecher muß fähig sein, sich in die Lage der Polizei zu versetzen, und ein erfolgreicher Polizist muß sich wiederum in die Situation eines Verbrechers hineindenken können; ein guter Verteidiger jedoch, der nicht mehr Prozesse verlieren als gewinnen will, muß die Fähigkeit haben, sich mit beiden identifizieren zu können.
Leider war es mir aber unmöglich, die Gedanken eines Kunstsachverständigen zu lesen. Ich hatte nicht erwartet, ihn ins Kreuzverhör nehmen zu müssen, und so war ich darauf auch nicht vorbereitet. Nicht einen Moment hatte ich damit gerechnet, daß der Wert des Gemäldes durch einen Gutachter festgesetzt werden würde, schon eher durch eine Empfangsbescheinigung oder sonst ein Dokument. Ich würde nun gezwungen sein, Fragen zu stellen, deren Beantwortung ich nicht voraussehen konnte, und das ist erfahrungsgemäß eine der gefährlichsten Situationen, denen ein Verteidiger vor Gericht gegenüberstehen kann.
Mickey warf seine Kippe in einen vor der Tür zum Gerichtssaal bereitgestellten Aschenbecher, und wir kehrten wieder zu unseren Plätzen zurück. Die Geschworenen betraten nacheinander den Saal und setzten sich, der Amtsdiener bat um Ruhe, und der Richter erschien. Benton nahm von neuem seinen Platz im Zeugenstand ein, und ich begann mit dem Verhör: »Mr. Benton, waren Sie die Person, die der Kirche dieses

Gemälde schenkte?«
»Im Auftrag von Mr. Fisher, das ist richtig.«
»Monsignore O'Malley hat ausgesagt, daß dem Gemälde bei der Schenkung keinerlei Dokumente beigefügt waren, die das Alter desselben bestätigten. Entspricht das der Wahrheit?«
»Ja.«
»Sie haben gesagt, daß Sie beauftragt wurden, das Gemälde zu schätzen, bevor Mr. Fisher es der Kirche schenkte. Würden Sie bitte dem Gericht erklären, welchen Wert Sie damals für dieses Bildnis einsetzten und woher Sie die Kenntnisse für eine solche Bewertung nahmen?«
»Ich schätzte das Gemälde auf hundertfünfzigtausend Dollar, nachdem ich mich davon überzeugt hatte, daß es sich um einen echten Delgardi handelte. Die Bewertung basierte auf der damaligen Nachfrage auf dem Kunstmarkt, das heißt, darauf, welche Preise für Delgardis Madonnenbilder gefordert und tatsächlich bezahlt wurden.«
»Meinen Sie nicht, daß das Fehlen von Dokumenten über Alter und Geschichte dieses Gemäldes ein Hinweis dafür sein könnte, daß es sich hier um eine Fälschung handelt?«
»Aber ganz im Gegenteil! Ich halte eine solche Dokumentation selten für wichtig. Diese Expertisen sind doch wesentlich leichter zu fälschen als das Gemälde selbst. Ich verlasse mich lieber auf mein eigenes Urteil als auf irgendwelche Dokumente.«
Bentons zur Schau getragene Überheblichkeit machte keinen besonders guten Eindruck auf die Geschworenen, was den Wert seiner Worte jedoch leider nicht

minderte. Ich mußte einen Weg suchen, um ihn von seinem Podest zu stoßen. »Mr. Benton, Sie als Sachverständiger für italienische Kunst könnten uns doch sicher ein anerkanntes Buch über Delgardi nennen, falls sich jemand näher darüber informieren wollte?«

»O ja, es gibt ein Werk über Delgardi und die Meister seiner Schule. Es ist eine außerordentlich umfassende Arbeit über dieses Thema. Das Buch ist in Italienisch geschrieben, wurde jedoch leider nie ins Englische übersetzt.«

»Und Sie können Italienisch lesen?«

Benton lächelte. »Aber ich bitte Sie, selbstverständlich.«

»Warum sagen Sie« – zu spät warnte mich mein Instinkt – »selbstverständlich?« Fast stotternd beendete ich die Frage.

»Weil ich das Buch selbst geschrieben habe.«

Mühsam versteckte Staatsanwalt Ogden sein Grinsen hinter der vorgehaltenen Hand. Richter Fitch war meinetwegen sichtbar in Verlegenheit geraten. Ich hatte versucht, die Glaubwürdigkeit eines Zeugen in Zweifel zu ziehen. Und was hatte ich erreicht? Genau das Gegenteil. Ich hatte seinen Ruf als Experten noch mehr gefestigt, als es der Staatsanwalt tun konnte.

»Mr. Martin«, fragte Richter Fitch nachsichtig, als er mich wie einen nach Luft schnappenden Fisch dastehen sah, »haben Sie noch weitere Fragen an den Zeugen?«

Ein kurzer Blick auf die Wanduhr unterrichtete mich, daß es bereits fünf nach zwölf war. Mein Hirn war wie ausgebrannt, nichts, aber auch gar nichts fiel mir ein, was ich noch hätte fragen können, doch ich ergriff den rettenden Strohhalm. »Ja, Sir«, log ich, »ich habe noch einige Fragen an Mr. Benton.«

»In diesem Fall halte ich es für angebracht, zunächst eine Mittagspause einzulegen. Das Gericht zieht sich bis vierzehn Uhr zurück.« Mit diesen Worten erhob sich Richter Fitch und verließ den Saal.

Mickey und ich gingen gemeinsam aus dem Gerichtsgebäude. Draußen jedoch trennten sich unsere Wege. Er überquerte die Straße, um in einem kleinen Lokal zu Mittag zu essen, und ich winkte grimmig einem Taxi, um zur Staatsbibliothek in der 42. Straße zu fahren. Kurz vor zwei trafen wir uns wieder vor dem Gericht. Mickey vollgestopft mit Lasagne und ich mit einem Kopf prall von Fakten. Ich hatte das sichere Gefühl, Mickey endlich zeigen zu können, daß ich mein Honorar verdiente. Es gab verschiedene Möglichkeiten, Anklage gegen Mickey zu erheben. Aber ich hoffte, daß der Staatsanwalt gerade die erwischt hatte, die er nicht beweisen konnte.

Ich wartete, bis Benton wieder auf seinem Stuhl im Zeugenstand Platz genommen hatte, dann begann ich:

»Es stimmt doch, Mr. Benton, daß in jedem Zeitalter andere Pigmente zur Herstellung der von den Künstlern verwendeten Farben verwendet wurden? Und daß diese Pigmente es ermöglichen, das Alter eines Bildes festzustellen?«

»Ja, so ist es.«

»Haben Sie irgendwelche Untersuchungen durchgeführt, um feststellen zu können, welche Pigmente der Maler der angeblichen Delgardi-Madonna verwendete?«

»Was soll das heißen – angeblich!« erregte er sich. Ich hatte es geschafft. Zum erstenmal hatte ich ihn getroffen.

»Sie versuchen da –«

»Wollen Sie bitte die Frage beantworten, Mr. Benton«, wies ihn Richter Fitch zurecht.

»Nein«, erwiderte er gekränkt.
»Können Sie uns sagen, auf welchem Material die Madonna gemalt wurde?«
»Sie meinen das Holz?«
»Sie sind der Experte, Mr. Benton. Ist es Holz?«
»Ja«, antwortete er leicht störrisch. Ich verletzte die Spielregeln und wohl auch den Glorienschein des Gutachters.
»Wann wurde damit begonnen, auf Leinwand zu malen?«
»Etwa Mitte des 16. Jahrhunderts. Ungefähr ab 1550 kam es so in Mode, daß man kaum mehr Holz benutzte.« Nach und nach, mit dem Klang seiner eigenen Stimme, gewann er sein Selbstbewußtsein wieder.
»Können Sie uns die Holzart nennen, die in diesem Fall verwendet wurde?«
»Nun ja...« Er stockte. »Da es sich um einen italienischen Meister handelt, wird es eine italienische Holzart sein.«
»Aber Sie wissen nicht, welches Holz?«
»Nein«, verteidigte er sich, »die Rückseite des Gemäldes ist mit einem anderen Material verkleidet.«
»Verkleidet?«
»Ja. Alte Bilder mit einem Holzuntergrund wurden oft damit ausgestattet, um das Holz vor Beschädigungen zu schützen.«
»Sie können uns also nicht mit Sicherheit sagen, welches Holz hier verwendet wurde?«
»Nein, nicht mit Sicherheit.«
»Es könnte also ganz gewöhnliches modernes Sperrholz sein?«
»Natürlich nicht! Wieso –«

»Aber Mr. Benton, Sie bestätigten, uns doch, daß Sie das Holz nicht geprüft haben. Daher kann sich doch jede Art von Holz darunter verbergen, nicht wahr?«
»Ja. Ja, das schon.«
»Wollen Sie uns bitte erklären, warum Sie dieses angeblich so wertvolle Gemälde keiner genaueren Prüfung unterzogen?«
»Weil ich es nicht für notwendig hielt«, entgegnete er steif.
»Gab es irgendwelche sogenannten alten Meister, die mit Erfolg gefälscht wurden?«
»Was verstehen Sie unter ›mit Erfolg‹?« fragte er mißtrauisch.
Ich versuchte, den Anschein von großer Geduld vorzutäuschen. »Ist es irgend jemandem gelungen, ein Bild zu malen, das man ohne besondere Prüfung für das Werk eines berühmten Meisters früherer Epochen halten konnte?«
»Na ja, es gab natürlich einige Versuche – aber ein Sachverständiger, der etwas von seinem Fach versteht, sollte fähig sein, eine solche Fälschung zu entlarven.«
»Ist Ihnen der Name Hans van Meegeren bekannt?«
Benton machte ein Gesicht, als ob er in einen sauren Apfel gebissen hätte. »Ich habe von ihm gehört.«
»Er war Fälscher, nicht wahr? Und zwar einer der ganz großen. Habe ich recht?«
»Ja.« Die Lippen von Benton waren zu einem dünnen Strich zusammengepreßt.
»Er verkaufte Gemälde für Millionen von Dollar. Gemälde, bei denen die Experten geschworen hätten, es handle sich um echte Vermeers. So ist es doch?«
»Ja.«

»Und dieser Fälscher kopierte Gemälde, ohne daß eines dem anderen auch nur im geringsten ähnlich war. Doch aufgrund des Stils, der Motivwahl und der Ausführung wurde jedes von ihnen für einen echten Vermeer gehalten?«

»Hm... ja, so war es, glaube ich.«

»Kann man also sagen, daß die Art der Fälschungen im Stile von Hans van Meegeren eine größere Meisterschaft erforderten? Ich meine, daß es doch für einen geschickten Fälscher wesentlich einfacher sein muß, einen falschen Delgardi herzustellen, von dem dutzendweise Originale vorhanden sind, die sich in Motiv und Ausführung gleichen. Stimmen Sie mir da zu?«

Schweigen. Richter Fitch starrte auf Benton. »Ja.« Die Antwort des Zeugen war kaum zu hören.

Ich machte eine kleine Pause, um den Geschworenen die Gelegenheit zu geben, die ganze Bedeutung meiner Fragen und Bentons Antworten zu erfassen. Erst dann wechselte ich das Thema und fuhr fort:

»Mr. Benton, gemäß Ihrer Aussage wurden Sie von Mr. Nicholas Fisher beauftragt, dieses Gemälde zu schätzen und ihn bei der Übergabe zu vertreten.«

Obwohl ich dies nicht als Frage formuliert hatte, antwortete Benton: »Ja.«

»Haben Sie noch andere Schätzungen für Mr. Fisher gemacht?«

»Ja.«

»Von Gemälden?«

»Ja.«

»Und wurden diese« – mein Gesicht wirkte nun noch säuerlicher als vorhin das von Benton – »*Kunstwerke* jedesmal weggegeben?«

»Ja.«
»Würden Sie uns bitte erklären, warum Mr. Fisher den Wert von Gegenständen feststellen ließ, die er weder zu verkaufen beabsichtigte noch behalten wollte?«
Prompt schnellte Bill Ogden hoch. »Euer Ehren, der Zeuge ist Kunstsachverständiger und kein Gedankenleser.« Wütend blickte er zu mir herüber. »Man kann unmöglich erwarten, daß er auch noch die Motive seines Auftraggebers kennt.«
Ich durfte nicht riskieren, daß dem Einwand stattgegeben wurde. »Euer Ehren«, protestierte ich deswegen sofort, »sicherlich wird uns Mr. Bentons Antwort zeigen, daß die Handlungsweise seines Auftraggebers gar nicht so ungewöhnlich ist und Mr. Benton sich sehr wohl der Gründe bewußt war.«
Richter Fitch nickte zustimmend. »Wenn der Zeuge nach eigenem Wissen antworten kann, ist er dazu verpflichtet.«
Ich wandte mich wieder an Benton: »Also, Mr. Benton, wozu benötigte Mr. Fisher für jedes dieser Gemälde eine Schätzung?«
Benton zögerte ein wenig, dann sagte er langsam: »Es ist allgemein üblich, daß Leute, die einer gemeinnützigen Institution ein Kunstwerk schenken wollen, dieses zuerst schätzen lassen.«
»Und zu welchem Zweck geschieht das, Mr. Benton?«
»Aus steuerlichen Gründen. Der Schätzer muß den gegenwärtigen Handelswert des jeweiligen Kunstwerkes festsetzen.«
»Mit anderen Worten, Ihr Schätzwert ist maßgebend, wenn jemand nach einer solchen Schenkung einen Antrag auf Steuerermäßigung stellen möchte?«

»Ja, das ist richtig.«
»Selbstverständlich bekommen Sie für Ihre Arbeit ein Honorar?«
»Ja.«
»Lassen Sie sich gut bezahlen?«
»Ziemlich gut, ja.«
»Dann wäre es doch nur zu Ihrem eigenen Vorteil, wenn Sie die Ihnen zur Schätzung übergebenen Gemälde nicht allzu sorgfältig prüfen würden?«
»Was meinen Sie damit?«
»Ich meine«, dabei näherte ich mich dem Zeugenstand und ließ meinen Zeigefinger immer wieder auf sein plötzlich blasses Gesicht zuschnellen, »es ist doch zu Ihrem Vorteil, wenn man Ihnen eine möglichst große Zahl von Gemälden zur Schätzung übergibt und wenn Sie bei zweifelhaften Werken einen hohen Wert ansetzen, um sich dadurch ein hohes Honorar zu sichern.«
Das riß Bill Ogden vom Stuhl. Empört bellte er: »Euer Ehren, ich protestiere gegen das Verhalten des Herrn Verteidigers! Er belästigt den Zeugen!«
»Einwand stattgegeben«, verkündete der Richter, doch seine Stimme klang äußerst lahm. »Bitte konzentrieren Sie sich auf sachdienliche Fragen, Mr. Martin, und nehmen Sie davon Abstand, den Zeugen während Ihres Verhörs anzugreifen.«
»Euer Ehren, ich bitte um Entschuldigung.« Ich drehte mich wieder zu Benton um. Meine Augen funkelten, was Richter Fitch jedoch nicht sehen konnte. »Mr. Benton, wäre dieses Bild eine Fälschung, welchen Wert hätte es?«
Wieder sprang Bill Ogden hoch. »Euer Ehren, Mr. Benton ist kein –«
»Wenn ein Zeuge qualifiziert genug ist, ein echtes Ge-

mälde zu bewerten«, fiel ich ihm ins Wort, »dann sollte er auch beurteilen können, was ein als falsch erkanntes Bild wert ist.«

»Der Zeuge soll die Frage beantworten«, entschied der Richter.

»Wenn es eine Fälschung wäre«, räumte Benton ein, »dürfte es überhaupt keinen Wert haben, höchstens den einer Kuriosität.«

»Danke, Mr. Benton. Nun eine weitere Frage. Sind Ihnen die Methoden von Fälschern bekannt, wie zum Beispiel die von Hans van Meegeren?«

»Ja, im allgemeinen schon. Sie versuchen, alles genauso auszuführen, wie es der Künstler, den sie kopieren wollen, in der Vergangenheit getan hat.«

»Sie meinen, sie benutzen das gleiche Material, Holz oder Leinwand, Pigmente, Pinsel und so weiter?«

»Ja. Sie versuchen natürlich auch, die Technik des Künstlers nachzuahmen.«

»Mit anderen Worten, ein Fälscher wird sich bemühen, immer das Material zu benutzen, das dem gleichkommt, das der Künstler für das Original verwendete? Er würde alles tun, was der echte Meister getan hat? Er kopiert die Methoden und das Material, so gut er nur kann?«

»Ja.«

»Mr. Benton, hat es Sie noch nicht gewundert, daß der Künstler – wer immer es auch gewesen sein mag – der Person, die das Bild in Auftrag gegeben hat, den Namen Nicholas gab?«

Erschreckt über diesen plötzlichen Ausfall, starrte mich Benton erneut mißtrauisch an. »Nein, warum sollte es? Ich habe ja schon erwähnt, daß Nicolo in der damaligen Zeit in Italien ein durchaus gängiger Name war.«

»Nicholas ist auch der Vorname von Mr. Fisher.«
»Das ist natürlich Zufall«, erwiderte Benton.
Nun ging ich zum Verteidigertisch und öffnete meine Aktentasche, holte ein Filmmagazin hervor und hielt es hoch. »Dieses Magazin kaufte ich während der Mittagspause«, sagte ich.
»Euer Ehren, ich kann wirklich nicht verstehen, was die Mittagslektüre von Mr. Martin mit dem zu verhandelnden Fall zu tun haben sollte!« warf der Staatsanwalt sofort ein.
Ich machte ein paar Schritte auf den Richtertisch zu. »Wenn Sie mir erlauben, Euer Ehren, möchte ich fortfahren, um so bald wie möglich alles aufzuklären.«
Einen Moment lang überlegte Richter Fitch. »Fahren Sie fort, Mr. Martin«, sagte er schließlich, und der Staatsanwalt nahm merklich verärgert wieder Platz.
Vorhin, auf dem Weg zurück ins Gericht, hatte ich in dem Magazin eine Seite gekennzeichnet. Nun schlug ich sie auf. Sie zeigte in Großaufnahme das Porträt eines Mannes in mittleren Jahren. Sein Kopf war völlig kahl. Unwillkürlich wurde man an Yul Brynner erinnert, doch während dessen Gesicht asketische Männlichkeit ausstrahlte, entdeckte man auf dem des Fotos nur gewisse Züge von Hemmungslosigkeit.
Ich überreichte Benton das aufgeschlagene Magazin. »Ist dies das Foto Ihres Auftraggebers Nicholas Fisher?« Da es in der Bildunterschrift schon zu lesen war, daß es sich hier um den Schauspieler Nicholas Fisher handelte, kannte ich Bentons Antwort im voraus.
»Ja, das ist ein Bild von Mr. Fisher.«
»Darf ich nun nochmals Ihre Aufmerksamkeit auf das Madonnenbild lenken? Während des Verhörs durch Mr.

Ogden sagten Sie aus, daß die kniende Figur eine Wiedergabe, ein Porträt der Person sei, die das Bild in Auftrag gegeben hatte. Ist das so richtig?«
»Ja.«
»Schauen Sie sich bitte den Kopf und das Gesicht dieser Figur genau an, Mr. Benton. Und nun frage ich Sie: Erkennen Sie nicht die große Ähnlichkeit mit Ihrem Auftraggeber, Mr. Fisher?«
»Aber nein! Wie können Sie so etwas sagen?« Benton versuchte, durch den Tonfall seiner Antwort den Eindruck zu erwecken, ich wolle ihn auf den Arm nehmen. »Ich kann absolut keine Ähnlichkeit entdecken.«
Ich nahm ihm das Magazin aus der Hand und zeichnete mit ein paar schnellen Zügen einen dichten Backenbart und lange Haare auf das Foto des Schauspielers. Nun hatte Nicholas die gleiche klassische Haartracht wie auf dem Gemälde. »Und jetzt sehen Sie es sich bitte noch einmal an«, bat ich ihn und hielt ihm das veränderte Foto vors Gesicht.
Benton war sogar noch mehr zu beeindrucken, als ich zu hoffen gewagt hatte. Sein Mund öffnete sich vor Erstaunen, und sein Kopf wanderte vom Foto zum Gemälde und vom Gemälde zum Foto. Er sah aus wie ein Zuschauer bei einem Tennisspiel. »Ja, aber das ist ja Mr. Fisher!« rief er aus.
»Danke, Mr. Benton. Keine weiteren Fragen mehr, Euer Ehren.«
Staatsanwalt Ogden bemühte sich verzweifelt, das Loch wieder auszubessern, das ich in seinen Fall gerissen hatte. Doch er war zu aufgeregt. Bei nochmaliger Befragung des Zeugen machte er den Fehler, daß er sich zu sehr auf den neuen Punkt des Steuerbetrugs konzen-

trierte, während jeder im Gerichtssaal sich noch mit den raffinierten Winkelzügen eines Schauspielers beschäftigte, dessen Eitelkeit so weit ging, daß er sein Porträt auf einem gefälschten Gemälde darstellen ließ. Bill Ogden verzichtete, Mr. Benton noch einmal über den Wert des Bildes zu befragen.
Als die Anklage ihre Beweisführung abschloß, beeilte ich mich, dasselbe zu tun. Anschließend stellte ich Antrag auf Freispruch. Begründung: Der Wert des Gemäldes rechtfertige nicht die Anklage wegen schweren Diebstahls.
Mickey Murdock verließ das Gericht als freier Mann. Ich empfand eine gewisse Befriedigung. Dieses Gefühl steigerte sich allerdings noch, als ich zehn Tage später in der Zeitung las, daß die Delgardi-Madonna von verschiedenen Experten geprüft worden war. Man hatte mehrere Verfahren zur Bestimmung von Alter und Echtheit angewendet. Das einstimmige Gutachten lautete: eine geschickte Fälschung, möglicherweise nicht mehr als fünfzehn Jahre alt.
Nachdem der Artikel erschienen war, klingelte zehn Minuten nach Mitternacht das Telefon an meinem Bett und weckte mich. Ich knipste die Leselampe an und hob den Hörer ans Ohr.
»Hallo, Martin!« Es war die Stimme von Mickey Murdock, die alkoholgetränkt und vorwurfsvoll durch den Draht drang: »Sie, haben Sie das Ding in der Zeitung gelesen? Sie – das können Sie doch nicht mit mir machen! Ich will meine Piepen wieder. Schwerer Diebstahl? Nicht die Bohne! Sie – ich war ja unschuldig! Denken Sie, ich hätte Sie als Verteidiger genommen, wenn ich das gleich gewußt hätte? Wo – wo doch jeder weiß, daß

der Himmel die Unschuldigen beschützt.«
Hör mit dem Geschwafel auf, du Idiot, dachte ich und schmiß den Hörer auf die Gabel. Dann nahm ich ihn wieder ab und legte ihn neben den Apparat. Dem Kerl war zuzutrauen, daß er mich noch einmal anrief.

An einem Montagabend

Pauline C. Smith

An jenem Montag, gleich nach »Laugh-In«, stand Jim Copeland auf, um die Lampe über der Haustür einzuschalten. Um halb zehn würde seine Tochter Michele von der Arbeit kommen. Wie immer.
Er gähnte, streckte sich und setzte sich wieder vor die Mattscheibe, um die Nachrichten zu sehen. Den Film auf Kanal 4 schenkte er sich, der dauerte ihm zu lange. Statt dessen schaltete er um auf Kanal 2. Dann ging er in die Küche, holte sich eine Dose Bier und machte es sich wieder vor dem Fernseher gemütlich. Um Viertel nach neun war er fest eingeschlafen.
Auf der Mattscheibe folgte auf die politische Sendung eine Doris-Day-Romanze, die von einem Slapstick-Film abgelöst wurde.
Jim Copeland schlief weiter.
Mrs. Carrie Mason von nebenan, mittleren Alters und Witwe, sah ebenfalls fern. Vom Bett aus. Ihr Schlafzimmerfenster ging auf die Vortreppe der Copelands hinaus, so daß sie sah, wie dort um neun das Licht über der Haustür anging. Für Michele, sagte sie sich, die, wie sie wußte, montags Spätdienst bei Harper im Plaza-Einkaufszentrum machte. Sie würde, wie immer, Punkt halb zehn nach Hause kommen, und dann würde das Licht ausgehen.

Carrie ließ sich von dem Film fesseln und merkte deshalb erst um elf, als er zu Ende war, daß das Licht noch brannte. Ihr erster Gedanke war, daß Jim Copeland vergessen hatte, es nach Micheles Heimkehr auszuschalten. »Typisch Mann«, sagte sie halblaut. Sue – Mrs. Copeland – war verreist, sie machte für ihre verheiratete Tochter in Tremont, die mit den drei Kindern, den Babysitter. Es sah Jim Copeland ähnlich, daß er einfach das Licht brennen ließ, wenn sie nicht da war.

Carrie schaltete den Fernseher aus, ging in die Küche, kippte ein Glas Bourbon – als Einschlafhilfe –, kehrte ins Schlafzimmer zurück, machte das Licht aus und öffnete das Fenster einen schmalen Spaltbreit. Ehe sie die Jalousienblende kippte, um die Morgensonne und damit die ruckartig-schmerzhafte Erinnerung fernzuhalten, daß sie allein und Witwe war, sah sie auf die Einfahrt der Copelands hinaus, wo Michele immer ihren Wagen abstellte. Die Einfahrt war leer.

Ihr Herz zog sich zusammen, und ihr Kopf formulierte vier Überlegungen in rascher Folge. Zunächst: Diese Achtzehnjährige, die einen so zuverlässigen, fleißigen und gewissenhaften Eindruck machte, war vielleicht auch nicht besser als die anderen aus dieser Collegegeneration und schlug sich weiß Gott wo die Nacht um die Ohren. Dann: Der Vater, den sie immer so nett gefunden hatte, ließ sie ruhig herumbummeln, während er wie gebannt in die Glotze starrte, deren graues Flimmern man drüben im Wohnzimmer der Copelands erkennen konnte. Ihr dritter Gedanke war, daß hier irgend etwas nicht stimmte. Nach dem Spätdienst hatte Michele noch nie die Nacht außer Haus verbracht, und in der Woche blieb ihr Vater nie auf, um auf sie zu warten.

Zuletzt dachte sie: Eigentlich müßte sie – als Frau und weil doch Sue verreist war – drüben mal nach dem Rechten sehen. Dann fiel ihr ein, daß sie eine Witwe von vierzig, na gut, von fünfundvierzig war und daß man, besonders in Anbetracht einer Bourbonfahne, ihre Nächstenliebe falsch auslegen konnte. Bedrückt legte sie sich hin.

Sie schlief schlecht. Die leere Einfahrt der Copelands ging ihr nicht aus dem Kopf.

Es war eins, als sie davon aufwachte, daß Jim Copeland seinen Wagen mit rücksichtsloser Lautstärke rückwärts aus der Garage rollen ließ.

Sie spähte durch die Schlitze der Jalousie. Die Einfahrt der Copelands war leer und nebelverhangen. Die Garage war offen und dunkel. Das Licht über der Haustür und eine Lampe im Wohnzimmer brannten.

Irgend etwas war passiert.

Der Ort lag still und heiter zwischen Meer und Bergen. Flankiert von einem ausufernden Siedlungsbrei im Süden und einer stolz-distanzierten Großstadt im Norden, wurde er in den Nachrichten von AP und UPI nicht erwähnt und vom Fernseh-Wetterbericht ignoriert – ein vergessener Platz.

An jenem Montagabend um halb zehn sah eine Kollegin, Linda Fischer (»Ich bin in der Schmuckabteilung, aber Michele wurde mal hier, mal da eingesetzt, weil sie Studentin war und nur zweimal abends und an den Samstagen kam...«), Michele auf dem hellerleuchteten Parkplatz. »Natürlich weiß ich, daß es Michele Copeland war. Sie stand neben ihrem Wagen, diesem grünen Käfer, und winkte, als mein Mann und ich vorbeifuhren. Mein Mann holt mich so gegen zwanzig nach neun ab. Er parkt in Abschnitt A, und wenn ich Schluß habe, fahren wir zu Abschnitt D, da ist der Coffeeshop, und dort trinken wir einen Kaffee und essen eine Kleinigkeit.«

Der Coffeeshop war, wie Linda bei der Vernehmung am Dienstag der Polizei sagte, bis zehn geöffnet. Als sie und ihr Mann gingen, wurde hinter ihnen geschlossen. In Abschnitt D stand, als sie wegfuhren, wahrscheinlich der Wagen des Coffeeshop-Besitzers. Ja, bestätigte der, als ihn die Polizei befragte, er sei fünf Minuten nach den letzten Gästen weggefahren, und als sie wieder durch Abschnitt A kamen, sahen sie, daß Micheles Wagen noch dastand. Aufgebockt. Sie hatten sich gedacht, daß sie wohl mit dem Freund weggefahren war, der ihr geholfen hatte, denn sein Wagen war weg.

»Ein Freund?« fragten die Polizeibeamten.

Aber dazu konnte Linda nichts weiter sagen. Sie und ihr Mann hatten ihn gegen halb zehn dort stehen sehen. Nein, besonders gut hatte sie ihn nicht erkennen können, er war groß und schlank gewesen, ja, und Linda glaubte, daß er dunkles Haar gehabt hatte. Er hatte den Wagenheber in der Hand gehabt, und sein Wagen – jedenfalls vermutete sie, daß es sein Wagen war – hatte neben dem von Linda gestanden. Sie hatte wohl, als sie aus dem Geschäft kam, gesehen, daß der Wagen einen Platten hatte, und hatte den Mann – eben diesen Freund – zu Hilfe gerufen.

Was für ein Wagentyp es gewesen sei, wurde Linda gefragt. Das wußte sie nicht. Hell, wahrscheinlich weiß. Eine blasse Farbe jedenfalls.

Michele hatte Linda zugewinkt – und das hätte sie doch sicher nicht getan, wenn irgendwas nicht gestimmt hätte, oder?

Linda verschwieg, daß ihr Mann hatte anhalten wollen. »Vielleicht kann ich helfen«, hatte er in seiner engagierten Art gesagt. »Sei nicht albern«, hatte Linda ihn abgefertigt. »Sie hat doch schon einen Helfer.« Michele war hübsch, und Linda betrachtete es als ihre Lebensaufgabe, ihren Mann von hübschen Mädchen fernzuhalten.
Dennoch plagte Linda seit dem Dienstagvormittag, als die Polizei sie vernommen hatte, das schlechte Gewissen. Vielleicht hatte Michele ihnen am Montag abend um halb zehn ja nicht vergnügt zugewinkt, sondern ein verzweifeltes Notsignal gegeben?
Aber das konnte sie der Polizei doch nicht sagen – oder? Und außerdem war damit jetzt niemandem mehr geholfen.

Am Dienstag machte sich Sue Copeland, Micheles Mutter, gleich nach dem Frühstück reisefertig.
»Aber warum so früh, Mom«, protestierte ihre Tochter Dorrie. »Man fährt doch nur zwei Stunden, und wenn du ankommst, ist Dad sowieso bei der Arbeit, und Michele ist im College. Warum wartest du nicht bis heute nachmittag?«
Sue wußte es nicht – es sei denn, daß sie sich, an die Beanspruchung durch drei kleine Kinder über ein langes Wochenende hinweg nicht gewöhnt, plötzlich sehr nach ihrem stillen Heim sehnte. »Ich weiß nicht recht, Dorrie. Ich möchte eben wieder ein bißchen Ordnung ins Haus bringen.«
Es war ein dürftiger Vorwand. Michele war sehr penibel mit ihren Sachen, und Jim brachte nie etwas in Unordnung.
Dorrie machte schmale Lippen und artikulierte überdeut-

lich. »Na ja, wenn es dich nicht interessiert, wie die Reise war und was Hal auf der Tagung für eine Rede gehalten hat...« Es war ein schnippischer Versuch, das schlechte Gewissen der egoistischen Tochter zu vertuschen, die sich nichts dabei gedacht hatte, die Mutter aus der zwei Autostunden entfernten Stadt zu einem dreitägigen Enkelmarathon anreisen zu lassen, nur weil es billiger und bequemer war, als einen Babysitter zu engagieren, der nur das tat, was seine Bezeichnung besagte, und nicht auch noch putzte und wusch und kochte und wiegte. »Wenn du es nicht ein bißchen nett haben willst... Ich habe mich darauf eingestellt, daß du noch bleibst, wenn Hal ins Büro gefahren ist. Damit wir ein bißchen allein reden können. Ich habe gedacht, du würdest erst nachmittags fahren. Frühestens mittags.«

»Ich weiß, Kind«, sagte Sue unbestimmt, suchte ihr Gepäck zusammen und griff nach den Wagenschlüsseln. »Ich weiß...« Es zog sie plötzlich unerklärlich stark nach Hause.

Sie küßte die drei Enkel, und Dorrie ging mit ihr zum Wagen.

»Ich wollte dir von der Reise erzählen, Mom«, sagte Dorrie in den Wagen hinein. Ihre Gewissensbisse lösten sich jetzt, da die Mutter ihr die Möglichkeit genommen hatte, sie durch Gastfreundschaft zu beschwichtigen, in Tränen auf. »Ich hatte mich so darauf gefreut, dich noch ein bißchen für mich allein zu haben. Wo du dich so lieb um die Kinder gekümmert hast und alles, ist es mir schrecklich, daß du jetzt so einfach losfährst.«

Sue startete den Motor. »Ich weiß, Kind. Wir holen es beim nächsten Mal nach.« Sie hätte diesen Drang, so schnell wie möglich auf die Autobahn und nach Hause zu kommen, nicht erklären können.

Sie quälte sich durch den morgendlichen Verkehr stadtauswärts auf die Überholspur der Autobahn, die durch Küstennebel und tiefhängende Wolken nach Norden führte. Sie schaffte es in weniger als zwei Stunden bis zur Abzweigung nach Sargent. Sie fuhr am Parkplatz des Plaza-Einkaufszentrums vorbei, auf dem der übliche Vormittagsbetrieb herrschte, ohne den kleinen grünen Wagen zu bemerken, der in Abschnitt A direkt hinter Harpers Warenhaus aufgebockt war.

Sie kreuzte die Wohnstraßen, die zu dem alten Vorortgebiet führten, und bog auf die Rio Mesa ein. Schon vom Ende des Blocks aus registrierte Sue routinemäßig, daß Micheles Wagen nicht in der Einfahrt stand, was an einem Dienstagvormittag um zehn ganz in Ordnung war. Sie fuhr die stille Straße hinauf, schlug das Steuer scharf ein, um den Wagen in die offene Garage rollen zu lassen, und bremste erschrocken.

Was hatte Jims Wagen um diese Tageszeit hier zu suchen? Sie rollte vorsichtig neben ihn, dann lief sie rasch die Stufen zur Haustür hinauf und bemerkte das trübe Glimmen der vergessenen Lampe in der Düsternis des verhangenen Tages.

Sue schloß, jetzt sehr beunruhigt, die Tür auf und öffnete sie mit einem entschlossenen Ruck.

Jim saß zusammengesunken im Lehnstuhl und hatte den Kopf in den Händen vergraben.

Ehe sie dazu kam, etwas zu sagen, blickte er auf. »Michele ist weg.«

»Weg?« Sues Stimme wurde schrill. »Was soll das heißen?«

Er erzählte, wie er eingeschlafen war. Wie er aufgewacht

war, gemerkt hatte, daß es ein Uhr nachts war, Michele nicht in ihrem Bett lag und ihr Wagen nicht in der Einfahrt stand.
Sue lehnte sich gegen die Tür, die unter dem Druck zuklappte. Hatte es sie deshalb so dringend nach Hause getrieben?
Jim erzählte ihr mit lebloser Stimme, einer Stimme, die sie noch nie an ihm gehört hatte, wie er den Wagen herausgeholt hatte und durch die schlafenden Straßen zum Einkaufszentrum gerast war, wie er dort Micheles kleinen grünen Wagen gefunden hatte, den einzigen Wagen weit und breit. Aufgebockt, der Reservereifen lag daneben auf dem Boden. Keine Michele, nur ihr Wagen. Er berichtete weiter, immer mit dieser ungewohnten, leblosen Stimme, wie er zwischen den nebelfeuchten Hecken und dunklen Läden der Einkaufspassage verzweifelt nach einer Telefonzelle gesucht, wie er endlich eine gefunden und die Polizei angerufen hatte.

Die Polizei war von Anfang an falsch gepolt gewesen. Zuerst dachten sie, Jim Copeland wolle sich von ihnen einen Reifen auswechseln lassen oder sie bitten, ihm jemanden zu schicken, um einen Reifen auszuwechseln. Dann dachten sie, daß er den Wagen seiner Tochter als gestohlen melden wollte. Endlich kapierten sie es. Aber auch dann nicht so richtig, denn selbst nachdem sie zu ihm auf den beleuchteten Parkplatz hinausgekommen waren, den aufgebockten Wagen gesehen und seinen wirren Bericht gehört hatten, verwechselten die beiden Streifenpolizisten Michele mit den Teenagern, mit denen sie es sonst im Lauf ihres abwechslungsvollen Nachtdienstes zu tun hatten.

»Wissen Sie, mit wem sie durchgebrannt sein könnte?« fragte der eine.
Der andere sprach von Drogen und Schwangerschaft. Immerhin drohten sie nicht mit einer Anzeige, als Jim Copeland einem der Beamten einen Hieb versetzte, sagten aber, daß er so seine Tochter bestimmt nicht finden würde.
Im Präsidium notierte der Wachhabende die notwendigen Angaben. Name: Michele Copeland, Alter: 18, Größe: 1,52, Gewicht: 44 Kilo. Braune Augen. Blondes Haar. Beruf: Studentin und Teilzeitverkäuferin. Es war keine vollständige Beschreibung, weil von Micheles Zuverlässigkeit und ihrer Zurückhaltung nicht die Rede war, aber diese Angaben, hatte der Wachhabende gemeint, seien überflüssig.
Da Michele achtzehn und damit juristisch gesehen volljährig war, konnte die Polizei die Fahndung erst nach zweiundsiebzig Stunden aufnehmen. Inzwischen stand nach Gesprächen mit Studenten und Lehrern sowie Kollegen im Warenhaus eindeutig fest, daß sie ein liebes, zuverlässiges, gewissenhaftes und zurückhaltendes Mädchen war – ganz und gar nicht der Typ, der bereitwillig mit einem Fremden auf und davon geht.
Der Polizei blieben somit zwei Theorien. Entweder hatte der von Mrs. Linda Fischer beschriebene große, schlanke, dunkelhaarige Fremde Gewalt angewendet, um Michele in seinen Wagen zu bekommen. Für diesen Fall wurde in den Trockentälern der Berge und auf den abgelegenen felsigen Strandabschnitten die Suche nach einer Leiche eingeleitet. Oder der große, schlanke, dunkelhaarige Fremde war ein Bekannter von Michele, und sie war freiwillig mitgegangen. Für diesen Fall wurden die Auto-

bahnstreifen angewiesen, das Unterholz nach einem verunglückten Wagen, möglicherweise weiß, und eventuell zwei Leichen abzusuchen.

»Können Sie den Wagen wirklich nicht genauer beschreiben?« wurden die Fischers von der Polizei gefragt. »Ein heller Wagen, wahrscheinlich weiß, sagen Sie. Was für ein Typ? Ein neues Modell? Limousine, Kabrio, Kombi, Mini?«

Sie könne einen Wagen nicht vom anderen unterscheiden, sagte Linda. Und überhaupt habe sie nicht auf den Wagen geachtet, sondern Michele nur im Vorbeifahren zugewinkt.

Was ihr einen bösen Blick ihres Mannes einbrachte. Er würde ihr nie verzeihen, was am Montag abend geschehen war. Er hatte anhalten wollen, hatte sogar schon Gas weggenommen, aber Linda, die ja immer alles besser wußte, die so tat, als gehöre ihr selbst die Luft, die er atmete, hatte ihn gedrängt weiterzufahren, während sie sich umdrehte und dem armen Ding, das jetzt weiß Gott wo sein mochte, zuwinkte und so richtig falsch-freundlich zulächelte.

»Tut mir wirklich leid«, sagte Linda Fischers Mann. »Mir ist auch nichts weiter an dem Wagen aufgefallen, abgesehen davon, daß er hell lackiert war, vermutlich weiß, und daß er weiter als ihr kleiner grüner Hüpfer aus der Parklücke hervorstand. Ich habe nur gesehen, daß ihre Kofferhaube offen war, und es sah aus, als ob der Mann den Wagenheber herausnahm, und da habe ich mir eben gedacht, dann ist ja alles in Ordnung ...« Er schloß seine Beichte mit einem Seufzer und mit dem Gefühl, für sich nur teilweise und für seine Frau gar keine Absolution erhalten zu haben.

Wieder warf er ihr einen bösen Blick zu. »Stimmt es, daß der Reifen zerschnitten worden ist?«
Jim Copeland war davon überzeugt, daß der Reifen absichtlich aufgeschlitzt worden war. »Die Seitenwand ist mit einem scharfen Gegenstand angestochen worden«, erklärte er vor der Presse. Das Labor bekannte sich zu der gemäßigteren Ansicht, der Reifen könne zufällig, durch einen spitzen Stein oder eine Glasscherbe, beschädigt worden sein.

Carrie Mason wußte nicht, was sie machen sollte.
Sie hatte Jim Copeland am Dienstag früh um sieben heimkommen sehen. Da war es gerade winterlich hell geworden. Vom Schlafzimmer aus, hinter sorgsam schräggestellten Jalousien, hatte sie beobachtet, wie der Wagen in die Garage rollte und Jim Copeland mit schweren Schritten die Stufen zur Haustür hinaufstieg.
Die Lampe über der Haustür brannte weiter, und die Einfahrt blieb leer, und sie wußte nicht, was sie machen sollte. Eigentlich hätte es sich ja gehört, zu ihm zu gehen, sie waren schließlich Nachbarn, und sie war mit Sue befreundet. Aber sie war Witwe, und da Sue verreist war, konnte das aussehen, als ob ... Ja, komisch könnte es aussehen, als ob ... sie versuchte, was anzufangen.
Um halb neun sah sie einen Streifenwagen vorfahren und zwei Polizisten im Haus verschwinden.
Was war da bloß passiert?
Um neun kamen sie wieder heraus und fuhren weg, und Carrie Mason stand wieder vor der Frage, was sie machen sollte. Ihre Hilfe, ihr Beileid, ihr Mitgefühl anbieten? Und wenn sie damit zu spät kam? Aber sie konnte doch nicht hier im Haus bleiben, wenn ein Nachbar in Not war. Du

liebe Güte, wenn die Tochter die ganze Nacht nicht nach Haus gekommen ist, und jetzt die Polizei... Da war es gewiß Zeit, alle Vorsicht in den Wind zu schlagen. Selbst wenn sie eine attraktive Witwe von fünfundvierzig, na gut, fast fünfzig war – es war einfach ihre Pflicht und Schuldigkeit. Aber erst mußte sie ihre Nerven beruhigen. Der Anblick des Streifenwagens und der Polizisten hatte sie doch sehr mitgenommen. Sie schwankte in die Küche und schluckte einen Bourbon, der zwar ihre Nerven beruhigte, sie aber auch klar erkennen ließ, daß sie als anständige Frau unmöglich einem Mann, der allein im Haus war, whiskyatmend einen Besuch abstatten konnte.

Sue reagierte spontan auf Jims schockierende Erklärung. Sie begab sich in seine tröstenden Arme, um ihn zu trösten. Von diesem Augenblick bis zu dem Donnerstag, als er Micheles kleinen grünen Wagen heimbrachte, oder vielleicht als – ebenfalls am Donnerstag – Dorrie kam, stützte sich Sue auf Jim und machte ihm Mut. Sie war seine Hoffnung, und er die ihre, und von Vorwürfen war keine Rede.

Am Dienstag nachmittag interviewte ein junger Reporter die beiden, und gemeinsam schilderten sie ihre Tochter – ein liebes, verantwortungsbewußtes Mädchen, wirklich nicht der Typ, der mit einem Fremden auf und davon geht, es mußte sich also um ein Verbrechen handeln. Sie beschrieben das Kleid, das sie getragen hatte, ein braunes Wollkleid mit dazu passendem Mantel, sie sprachen von ihrer ruhigen, ordentlichen Art, der jede unüberlegte Handlungsweise fernlag. Sie hatte ausgezeichnete Noten. Sie hatte keine Probleme. Ja, hin und wieder war sie mit einem jungen Mann ausgegangen, allerdings selten, weil

sie ja studierte und dazu einen Teilzeitjob hatte. Einen festen Freund hatte sie nicht.
Auf Bitten des Reporters gab Sue ihm die letzten Fotos von Michele, eins war bei der Schulabschlußfeier aufgenommen worden, vor einem Jahr. Damals, erklärte Sue, hatte Michele langes Haar gehabt, jetzt war es kurz geschnitten, wie auf den neueren Schnappschüssen. Und dann brach sie zusammen und weinte, sie fühlte sich hilflos und verlassen, als gäbe sie, indem sie sich von Micheles Bildern trennte, die Tochter verloren.
Sue half sich über diesen ersten Tag hinweg, indem sie unaufhörlich Kaffee trank und die Kanne für Jim bereithielt, wenn er von einem beklemmenden Besuch auf dem Revier oder einer seiner Irrfahrten über einsame Straßen zurückkam. Sie ging im Zimmer auf und ab und telefonierte mit Freunden und Bekannten von Michele, soweit sie zu erreichen waren. Angeblich wußte niemand etwas.
Sie sah sich voller Widerwillen den Teller mit Plätzchen an, den Carrie Mason gegen zwei Uhr verlegen herüberbrachte, roch Mrs. Masons mundwasserduftenden Atem und hörte sich leicht befremdet ihre gestotterten Nichteinmischungs-Entschuldigungen an. Dann wurde ihr plötzlich klar, daß Mrs. Mason, verwitwet und dadurch seelisch belastet, wahrscheinlich seit gestern, als das geregelte Leben der Copelands in Scherben gegangen war, hinter der Jalousie gelauert hatte, daß sie darauf gebrannt hatte, alles zu erfahren, teilzuhaben, daß sie hatte helfen wollen, aber nicht hatte helfen können, weil sie Witwe und neidisch auf alle Unverwitweten war.
Sie erzählte ihr alles, was sie wußte, und sie weinten zusammen.
Die Zeitung mit dem Artikel auf der ersten Seite und dem

Foto von Michele kam um fünf, als der Wintertag sich zur Nacht neigte. Sue las den Bericht über ihre Tochter, sah in den dunkler werdenden Himmel hinaus und wußte, daß sie irgendwo da draußen war.

Die ganze Nacht hindurch ging Sue immer wieder zur Haustür, spürte die schwarze, kalte Nässe und schämte sich, daß sie es warm und geborgen hatte. Sie stand auf der Vortreppe, von Angst vor der Nacht erfüllt und vor dem, was diese Nacht ihrer Tochter antun mochte, bis Jim sie in die beschämende Wärme und Geborgenheit zurückrief.

In dieser Zeit waren Sue und Jim sich sehr nahe, erfüllt vom Mitgefühl der Mutter für den Vater, des Vaters für die Mutter, ohne einen Gedanken an Vorwurf oder Selbstvorwurf, Schuld oder Selbstschuld. Das kam erst am Donnerstag, nach dem Ablauf der 72-Stunden-Frist, als die Fahndungszettel an zweihundertfünfzig Polizeidienststellen des Staates und darüber hinaus in den angrenzenden Staaten verteilt worden waren, als der Fall in die Fernsehnachrichten und durch AP und UPI in die Presse gelangte, als der kleine grüne Wagen wieder in die Einfahrt zurückkehrte und Dorrie eintraf.

Am Mittwoch vormittag hielt Carrie Mason sich abwechselnd hinter der Schlafzimmerjalousie und am Küchenherd auf, wo sie Essen zubereitete, das die Copelands beim besten Willen nicht hinunterbrachten.

Sie litt, als sie beobachtete, wie die Fernsehleute ihre Sachen aus dem Laster vor dem Haus holten und die Stufen hinauf ins Haus der Copelands schleppten. Sie züchtigte sich wegen ihres Bourbon-Atems vom Montagabend, als sie den Reporter erkannte, der die Copelands zu einem zweiten Interview aufsuchte. Sie kochte und

spähte und geißelte sich wegen ihrer Witwenkomplex-Unterlassungssünde, denn hätte sie Jim Copeland geweckt, wäre seine Tochter jetzt vielleicht zu Hause.
Der Artikel, der am Mittwoch abend im Lokalblatt erschien, war auf der unteren Hälfte der ersten Spalte plaziert, brachte wieder ein Bild von Michele – einen der Schnappschüsse, auf dem sie lächelnd und mit kurzgeschnittenem Haar zu sehen war – und brach Sue das Herz. Das Bild sah Sue unter der Schlagzeile an: HABEN SIE DIESES MÄDCHEN GESEHEN?
Und nun rief Sue ihre verheiratete Tochter an. Sie wußte, daß sie es nicht länger hinausschieben konnte – sie hatte gehofft, es würde gar nicht nötig sein –, denn jetzt würde Dorrie einen Schock bekommen, wenn sie es aus ihrer eigenen Zeitung oder aus dem Fernsehen erfuhr.
Dorrie wurde sofort sentimental. »Wann ist es passiert?« rief sie. »Am Montag abend? Als du hier warst?« Sie schwieg einen Augenblick, dann sagte sie: »Wenn du zu Hause gewesen wärst, wäre es vielleicht gar nicht passiert.« Und sie fügte rasch hinzu: »Was hat denn Daddy die ganze Zeit gemacht? Geschlafen?« Das war der Haken, an dem sie ihre eigenen Schuldgefühle aufhängen konnte. »Soll das heißen, daß er nichts unternommen hat? Ich komme, Mom.« Und schon war die Entscheidung getroffen, ihre Schuld, daß sie die Mutter gebraucht hatte, ohne sie wirklich zu brauchen, auf den Vater zu übertragen, um ihn statt ihrer zum Sünder zu machen. »Ich fahre morgen früh los, sobald ich jemanden für Hal und die Kinder gefunden habe.«
»Aber das ist doch nicht nötig, Kind«, protestierte Sue. Sie kannte Dorries Neigung, andere Leute zu überfahren wie ein Bulldozer, auf sie einzuhämmern wie eine

Dampframme. Sie hatte keine Lust, sich überfahren zu lassen, sie wollte nicht, daß jemand auf ihr herumhämmerte, sie wollte nur in Ruhe warten und sich sorgen und hoffen, um nicht in Stücke zu brechen.
»Das ist sogar sehr nötig, Mom«, sagte Dorrie. »Furchtbar ist das, ganz furchtbar. Ich komme. Du brauchst dich um nichts mehr zu kümmern, ich nehme alles in die Hand.«

So wie Michele juristisch erst nach zweiundsiebzig Stunden als vermißt galt, war auch ihr Wagen erst nach dieser Frist als herrenlos anzusehen. Inzwischen blieb er so auf dem Parkplatz stehen, wie sie ihn verlassen hatte. Man hatte keine Fingerabdrücke gefunden und wegen des dichten Nebels am Montag abend und Dienstag morgen auch keine erwartet.
Am Donnerstag nachmittag, während Jim Copeland den Reifen am Wagen seiner Tochter wechselte, kam kurz und blaß die Sonne hervor.
Die Kunden, die in Abschnitt A parkten – die meisten hatten die erste Seite des Lokalblatts gelesen, und viele hatten die eine oder andere der lokalen Nachrichtenstationen gehört –, machten einen mitfühlend-verlegenen Bogen um Jim Copeland und den Wagen seiner Tochter. Alle hatten es eilig und waren befangen – mit einer Ausnahme. Aus einem hellgrauen Mittelklassewagen stieg ein Mann und fragte Jim Copeland, ob er ihm beim Reifenwechsel helfen könne.
Der Mann, der aus zusammengekniffenen Augen zu ihm hochsah, war noch relativ jung, um die fünfunddreißig, und seine Hilfsbereitschaft schien echt zu sein. Er war schlank, sympathisch, konservativ gekleidet, mittelgroß und hatte mittelbraunes Haar. Bei Nacht allerdings, in

dem täuschenden Licht der Scheinwerfer mit ihren langgezogenen Schatten, wirkt jeder Mann groß, besonders neben einem Mädchen, das nur einen Meter zweiundfünfzig mißt, ebenso, wie das Nachtlicht aus Braun Schwarz macht, besonders wenn man ein kontrastierendes Blond daneben sieht.

Als der neue Reifen festsaß, lehnte sich der junge Mann an den Wagen und fing an, von dem Montag abend zu reden.

Dankbar für sein Interesse hörte sich Jim Copeland die Überlegungen an, die weder so objektiv wie die der Polizei noch so emotionell wie die von Jim waren – eher eine Kombination aus beidem, die vertrauenerweckend wirkte.

»Ich habe es gestern abend in der Zeitung gelesen«, sagte der Mann, »und habe den ganzen Tag die Meldungen im Radio verfolgt. Ich bin Vertreter, sitze viel im Wagen, da lasse ich immer das Radio laufen. Ich frage mich, ob die Polizei den Fall richtig anfaßt.«

»Ich auch«, sagte Jim Copeland. »Sie sind sich angeblich nicht einmal sicher, ob der Mann, mit dem diese Leute Michele gesehen haben, irgendwas damit zu tun hatte. Es sei doch denkbar, meinen sie, daß er wieder weggefahren ist, daß Michele zu einem Telefon ging und daß das, was dann geschah, dort passiert ist.«

Der Mann schüttelte den Kopf. »Natürlich hatte er etwas damit zu tun«, sagte er sehr bestimmt. »Darauf würde ich wetten. Der mit dem weißen Wagen.«

»Das glaube ich auch«, sagte Jim. »Ich glaube, daß er den Reifen aufgeschlitzt und ihr aufgelauert hat.«

Der Mann warf einen flüchtigen Blick auf den beschädigten Reifen. »Nein. Zunächst konnte er gar nicht wissen,

daß der Wagen von einer Frau gefahren wurde. Selbst wenn er hineingesehen und die Zulassung auf der Lenkradsäule gelesen hätte – woher wollte er wissen, daß die Frau allein war? Nein, der Täter hat das nicht vorausgeplant, es ist einfach passiert.«
Jim klappte den Kofferraumdeckel zu und lehnte sich dagegen. »Sie glauben, daß der Reifen einen Platten hatte, daß er es gesehen und gewartet hat, und als sich herausstellte, daß es ein Mädchen war, noch dazu ein hübsches Mädchen, hat er seine kleine Komödie gespielt, und sie, als niemand in der Nähe war, in den Wagen gezerrt, ja? Freiwillig ist sie ganz bestimmt nicht mitgegangen.«
»Und wenn er einen netten, sympathischen Eindruck machte? Sauber und ordentlich, liebenswürdig, hilfsbereit – kein langhaariger Schlägertyp, kein fieser alter Mann, sondern eher ein Durchschnittsmensch? Wenn er gesagt hat, er würde ihr gern behilflich sein, wenn er den Wagenheber herausgeholt und sich an die Arbeit gemacht hat? Was kann im Scheinwerferlicht schon groß passieren? Dann holt er den Reservereifen heraus, läßt ihn aufspringen und sagt, er braucht Luft...«
»Aber er hatte reichlich Luft«, widersprach Jim und trat mit dem Fuß dagegen.
»Okay, aber hätte Ihre Tochter es gemerkt, wenn jemand ihr das weisgemacht hätte?«
Nein, dachte Jim Copeland. Von Autos verstand Michele nur so viel, wie man wissen mußte, um fahren zu können. Es konnte durchaus so gewesen sein.
»Also schlägt er vor, daß sie mit ihm zur Tankstelle fährt, damit er den Reifen in Ordnung bringt. Die Tankstelle ist an der Ecke, man kann sie von hier aus sehen.«
Folgsam legte Jim Copeland, der Stammkunde bei dieser

Tankstelle war, die Hand über die Augen und blickte zur Ecke Sargent und Oak, wo er den oberen Rand des Tankstellenschildes erkennen konnte.

»Was sollte sie machen? Selbst ein Mädchen wie Ihre Tochter, das sich sonst nicht freiwillig in den Wagen eines Fremden setzt, würde sich in so einem Fall nichts dabei denken. Der Mann macht sich ihretwegen Umstände, er ist anständig genug, nicht mit ihrem Reifen abzuhauen, weil sie sonst allein dastehen und sich fragen würde, ob er überhaupt wiederkommen würde.« Der Mann lächelte. Es war ein Gemisch aus herablassendem Mitleid für den Vater und schwülstigem Bedauern für die Tochter.

»Sie meinen, daß dieser Verrückte sie mit einem Trick in seinen Wagen gelockt hat?« fragte Jim Copeland.

»Trick wäre vielleicht zuviel gesagt. Und der Mann war auch nicht unbedingt ein Verrückter. Vielleicht war er einfach krank.«

»Krank?«

»Ich stütze mich da auf das, was ich von Psychologie weiß. Sehen Sie, ich wollte Psychiater werden, und dann wurde meine Frau krank, und ich mußte das Studium abbrechen, mußte Geld verdienen. Das ist Jahre her, ich habe seitdem keine Ehe mehr und auch keinen Beruf. Ich arbeite einfach als Vertreter, um einer kranken Frau das bieten zu können, was sie braucht und haben will.« Er schüttelte voller Selbstmitleid den Kopf. »Deshalb war ich am Montag abend hier, ich habe ihr etwas von dem besorgt, wonach sie mich ständig herumscheucht. Ein Rezept, Eis, ein Heizkissen, ein Eisbeutel – heute dies, morgen das, immer irgendwas ...«

»Soll das heißen, daß Sie an dem Abend hier im Einkaufszentrum waren?« Jim Copeland beugte sich vor und packte den Mann an den Jackenaufschlägen. »Sie waren an dem Abend hier? Haben Sie etwas gesehen? Haben Sie etwas von dem beobachtet, was Sie da reden?«

Der Mann machte sich los. »Ich sage Ihnen doch, das ist alles reine Theorie. Ich habe mir Gedanken darüber gemacht. Die Polizei sucht in solchen Fällen nach Fingerabdrücken oder einem Haar oder sonstwas, und die Angehörigen sagen: ›Meine Tochter würde nie...‹, und ich erkläre Ihnen nur, was mit Ihrer Tochter geschehen sein könnte – weil ich diese Dinge studiert habe und sie verstehe. Und ich bin der Meinung, daß der Mann krank ist, aber im Grunde ein netter Kerl, und daß Ihre Tochter deshalb in seinen Wagen gestiegen ist...«

Jim Copeland glättete entschuldigend die Jackenaufschläge des Mannes. Er versuchte ja nur, ihm zu helfen. Seine Überlegungen waren um vieles glaubhafter als die Theorien der Polizei mit ihrem Gerede von Drogen und Schwangerschaft und Durchbrennen, denn das alles traf ja auf Michele nicht zu.

»Nehmen wir also an, daß der Mann krank war«, fuhr sein Gegenüber fort. »Nicht richtig krank. Nicht immer, sondern nur, wenn er unter besonders starkem Druck stand. Sagen wir also, daß er ein anständiger Kerl war. Mit einem anderen wäre Ihre Tochter nicht mitgegangen.«

Jim Copeland nickte.

»Er hat nichts geplant. Es wurde für ihn geplant.«

»Wurde für ihn geplant?« wiederholte Jim.

»Es ist das psychologische Muster eines Impulsverbrechens, und dafür halte ich es auch. Kein Vorsatz, sondern eine unvorbereitete Tat, ausgelöst durch eine Reihe von Umständen. Der Mann steht unter starkem Druck. Er

fährt spät, kurz vor Geschäftsschluß, in das Einkaufszentrum. Er hat es eilig, wahrscheinlich fällt ihm der kleine grüne Wagen mit dem Platten zuerst überhaupt nicht auf. Als er wieder wegfahren will, bemerkt er ihn, denkt sich aber weiter nichts dabei. Der Parkplatz hat sich geleert, die Kunden sind nach Hause gefahren, wo liebevolle, gesunde, anspruchslose Frauen sie erwarten. Er startet. Und da kommt das Mädchen – Ihre Tochter –, sieht den Platten, der Mann schaltet den Motor wieder ab und steigt aus.«
Jim Copeland schluckte.
Genauso konnte es gewesen sein.
»Er ist ein netter Mann«, wiederholte sein Gegenüber. »Er will ihr wirklich helfen, also legt er los. Er holt den Wagenheber heraus. Dann fahren die Leute vorbei, diese Leute, die Ihre Tochter mit dem Mann gesehen haben. Sie nehmen Gas weg. Sie winken. Und der Mann fragt sich, ob Ihre Tochter ihnen vielleicht ein Zeichen gegeben hat, vielleicht ihn und seine Hilfe ablehnt und ihren Freunden winkt.
Aber sie fahren weiter, und er windet den Wagen hoch und greift nach dem Schraubenschlüssel, und noch immer will er ihr nur helfen. Und dann kommt die Explosion, der Druck macht sich Luft, und er greift nach dem Reservereifen und läßt ihn aufspringen. Die ganze Sache hat sich schon lange in ihm vorbereitet. Er ist krank, er kann gegen das, was mit ihm geschieht, nicht an.«
Jim Copeland sah weg, ihm war elend zumute.
Die blasse Sonne versteckte sich hinter den am Horizont aufgezogenen Wolken. Es würde wieder regnen. Bestimmt würde es heute abend wieder regnen.
»Er tischt ihr das Märchen von der Tankstelle auf. Sie geht

darauf ein, es bleibt ihr eigentlich gar nichts anderes übrig. Er führt sie um seinen Wagen herum und macht die Tür auf, dann geht er zurück auf seine Seite. Den Reservereifen läßt er liegen. Er springt hinein, und noch ehe sie schreien kann, sind sie auf und davon.«

Jim Copeland war es, als schwimme er in dem gefilterten Licht des Wintertages. »So, glauben Sie, ist es gewesen?« fragte er schwach. »Daß jemand einfach –«

»So könnte es gewesen sein«, sagte der Mann. »Es gab keine Spuren eines Kampfes, hat die Polizei gesagt. *Sie* sagen, daß Ihre Tochter nicht freiwillig mit einem Unbekannten wegfahren würde. Was bleibt dann noch? Es ist eine psychologisch einleuchtende Theorie, daß ein kranker Mann – der im Grunde ein anständiger Kerl ist – genau zu dem Zeitpunkt, als es bei ihm zur Explosion kam, eine Szenerie vorfand, die wie für ihn gemacht war.«

Jim Copeland sah immer noch weg.

Dann machte der andere ihm Hoffnung. »Aber ein Mann mit dieser Art von Krankheit«, sagte er, »weiß das auch und möchte, daß man ihn bremst.«

Jim Copeland wandte den Kopf und hörte aufmerksam zu.

»Er wird sich decken – der Selbsterhaltungstrieb ist immer die erste Regung –, aber gleichzeitig wird er Spuren legen in der Hoffnung, daß jemand sie findet und ihn daran hindert, seine Tat zu wiederholen.«

Der Mann machte die Wagentür auf und stieg ein. »Tut mir leid, Mr. Copeland«, sagte er, und das klang ehrlich. Er ließ den Motor an, und da war das Radio, erst schwach, dann lauter, das wie immer zur vollen Stunde die Nachrichten brachte. »... noch nichts Neues im Fall der ver-

mißten Michele Copeland«, berichtete die Ansagerstimme. »Wenn Sie, liebe Hörer, etwas wissen oder zu wissen glauben oder einen Verdacht haben ...« Der Mann drehte den Ton auf ein Flüstern herunter und fuhr rückwärts aus seiner Parklücke heraus.
Jim Copeland richtete sich auf. »Was hat er Ihrer Meinung nach mit ihr gemacht?« fragte er.
»Was glauben Sie wohl?«
Jim Copeland schluckte wieder.
Der Mann schlug das Steuer ein und rollte Abschnitt A herunter.
»Hallo«, rief Jim Copeland ihm nach, »wie war doch gleich Ihr Name?«
Der Mann rief ihn aus dem Fenster heraus, aber seine Stimme verlor sich in dem aufkommenden Abendwind und dem Aufheulen des Motors.

Die Polizei hielt nicht viel von der Theorie, die der Fremde in dem hellgrauen Wagen Jim Copeland auf dem Parkplatz dargelegt hatte.
Er war sofort mit dem kleinen grünen Wagen ins Präsidium gefahren und hatte dort Bericht erstattet.
»Ein Spinner«, erklärten sie. »Nicht der erste. Eine Mutter hat sich gemeldet, der ihr ungeratener Sohn zum Hals raushängt. Sie glaubt, daß er es war, und verlangt von uns, daß wir ihn einsperren und den Schlüssel zum Loch wegschmeißen. Eine Frau behauptet, so ein Trick sähe ihrem früheren Freund ähnlich. Wenn man so lange im Beruf ist wie wir, wundert man sich über solche Geschichten nicht mehr.«
»Aber das war eine plausible Theorie«, wandte Jim ein. »Der Mann schien eine Menge von Psychologie zu verste-

hen, und auf diesem Wissen basierte auch seine Theorie.«
»Jeder Spinner ist Psychologe«, sagte der Beamte. »Die wissen alles über nichts und lassen sich nur zu gern darüber aus.«
»Aber es hat sich angehört«, sagte Jim zögernd, »als wenn es sich wirklich so abgespielt haben könnte. Irgendwie klang es überzeugend. Wenn Sie mit ihm reden könnten ...«
»Sicher, sicher.« Der Beamte griff nach Kugelschreiber und Notizblock. »Sicher reden wir mit ihm. Wir reden mit allen. Wir brauchen nur seinen Namen und seine Adresse.«
Jim wußte nicht, wie er hieß oder wo er wohnte. Diese Information hatte der Wind weggetragen, und vielleicht war er ja wirklich ein Spinner, wie der Beamte gesagt hatte. Was hatte er schließlich zu bieten gehabt? Doch nur eine Theorie.

Dorrie kam am späten Donnerstag nachmittag, zu Beginn des Gewitters, das sich zusammengebraut, sich verzogen, der Sonne Platz gemacht und sich wieder näher herangetraut hatte. Dann brach es endgültig los, schwarz und böse, und Dorrie betrat etwa zur gleichen Zeit das Haus, als ihr Vater den kleinen grünen Wagen heimfuhr und wieder in die Einfahrt stellte.
Wenn Sue aus dem Fenster schaute, sah sie jetzt den kleinen grünen Wagen und fröstelte, und wenn sie sich vom Fenster abwandte, erklärte Dorrie, es sei Jims Schuld, daß Michele verschwunden war, und Sue glaubte ihr.
»Deine eigene Tochter«, warf sie ihm vor. »Und du hast alles verschlafen.«

»Was hätte ich denn machen sollen?« fragte er. »Um zehn war sie weg. Das haben die Leute auf dem Parkplatz gesagt.«
»Und du hast zu Hause gesessen und geschlafen«, beschuldigte ihn Sue, entsetzt über ihre Niedertracht, aber zugleich erleichtert, endlich ein Opfer zu haben.
Jim war konsterniert. »Wäre ich wach gewesen, hätte ich sie um zehn noch nicht gesucht. Weshalb denn? Ich hätte mir gesagt, daß sie mit jemandem noch einen Kaffee trinkt.«
»Aber Mom hätte das nicht gedacht«, mischte Dorrie sich ein. »Wäre Mom hiergewesen, hätte sie gewußt, daß Michele sich nie verspätet. Sie hätte sich sofort auf den Weg gemacht.«
»Aber sie war nicht hier«, sagte Jim, der die Chance sah, die Schuld anderswo festzumachen. »Sie war bei dir und hat auf deine Kinder aufgepaßt. Deshalb war sie nicht hier.«
Doch Dorrie war vorbereitet und antwortete triumphierend: »Weil sie dir vertraut hat. Deshalb war sie nicht hier. Sie hat darauf vertraut, daß du schon alles richtig machen und Michele beschützen würdest, damit so etwas Furchtbares nicht passiert.«

Am Donnerstag abend war der Artikel in der Zeitung knapper gehalten und ohne Foto, und die Schlagzeile lautete nur: SUCHE GEHT WEITER. Der Bericht brachte eine kurze Zusammenfassung und die übliche vage Aussicht auf einen baldigen Durchbruch.
Das Fernseh-Interview war stark gekürzt worden, um Platz für Bilder und Kommentare über die Sturmkatastrophe zu machen, Berichte über Erdrutsche in der Stadt im

Norden und reißende Flüsse in dem ausufernden Siedlungsbrei im Süden. Der Ort dazwischen wurde, wie immer, ignoriert, wenn man von dem stark gekürzten Interview mit den Eltern von Michele Copeland absah. Aber auch dieser Ort war von den Gewitterschäden betroffen. Es gab Erosionen in den Bergen und Flüsse, die über die Ufer traten. Das größte Problem waren überflutete Straßen, insbesondere die Kreuzung Sexton und Sargent, wo der neue Wohnblock im Bau war. Dort stieg das Wasser und floß den Hang hinunter, brachte Schlamm und Schutt mit, verstopfte die Gullys und überflutete den Parkplatz des Einkaufszentrums, so daß das Wasser in die Passage eindrang und die Läden bedrohte.

Der Sturm dauerte drei Tage.

In dieser Zeit konnte Sue nicht schlafen. Die angstvollen Nächte waren erfüllt von Schreckensgedanken an ihr Kind, das irgendwo dort draußen war, allein oder mit einem Ungeheuer in Kälte und Regen, sterbend oder schon tot. Sue konnte nicht essen, an den quälenden Tagen bedrängten sie Schreckensbilder von Schändung und Tod. Sie lebte von Kaffee und der von ihm geschaffenen Überwachheit. Sie reagierte sich an Jim ab, machte ihn fix und fertig und entdeckte nach langen, friedlichen Ehejahren, daß sie ein Talent dafür hatte.

Dorrie trug, nachdem sie die Last ihrer Schuld abgegeben hatte, jetzt eine neue Bürde. Ihre Eltern, die immer Freunde gewesen waren, waren zu Feinden geworden. Aber war das ihre Schuld?

»Mom«, wunderte sie sich, »so habe ich dich vorher nie mit Dad reden hören.«

»Er hat vorher ja auch noch nie meine Tochter umgebracht«, sagte Sue.

Von Zeit zu Zeit fuhr Jim durch den Sturm zum Revier, wo die Beamten mit Verkehrsproblemen und Unfällen auf den glitschigen Straßen beschäftigt waren.
»Und wegen meiner Tochter...«, sagte Jim Copeland besorgt, entschuldigend, verunsichert durch die tiefe Schuld, in die ihn seine Frau gestoßen hatte.
»Wir verfolgen den Fall weiter, Mr. Copeland«, sagte der Beamte. »Wir haben Fahndungsblätter verteilt, das wissen Sie ja. Es ist schade, daß wir nicht mehr Informationen haben, zum Beispiel eine genauere Beschreibung des Mannes oder seines Wagens. Wir haben getan, was wir konnten. Auf dem Fahndungsblatt ist ein Bild Ihrer Tochter, und wenn sich etwas Verdächtiges tut, erfahren wir es bestimmt. Ich weiß, wie Ihnen zumute ist, Mr. Copeland.«
Jim Copeland sah ihn verständnislos an. Dieser Beamte, zu jung für Schuld, zu jung für eine Tochter im Teenageralter, konnte unmöglich wissen, wie ihm zumute war. Jim verließ das Revier und wußte, daß er bald wiederkommen würde, um wieder nichts zu erfahren. Aber er mußte kommen, ein Anruf genügte ihm nicht. Er mußte sich durch sturmgepeitschte Straßen quälen, die Treppe hinaufgehen, die schweren Türen öffnen und den Diensthabenden fragen: »Haben Sie etwas von meiner Tochter gehört?« Mehr konnte er jetzt nicht tun.
Der Sturm behinderte die Suche, nicht aber Mrs. Carrie Mason. Täglich legte sie den Regenmantel ihres verstorbenen Mannes zu einem Zelt zusammen, kroch samt einem Teller mit Gebackenem, Gebratenem, Gegrilltem oder Gesottenem darunter und begab sich von ihrem Haus zu dem der Copelands.
Dort bot sie ihre Gaben dar, immer in der Hoffnung, nur

Sue in der Küche anzutreffen. Selbst diese neue, in den letzten Tagen so jäh gewandelte Sue, deren sanfte, liebevolle Sorge zu besorgter Härte und Kälte geworden war, war besser als ihre Tochter Dorrie. Dorrie, die von den beneidenswerten Höhen ihres jugendlichen, ehemanngeschützten Lebens auf sie herabsah und in Carrie Mason das schlechte Gewissen weckte, weil sie selbst männerlos war und fast fünfzig. Nein, eigentlich zweiundfünfzig, fast dreiundfünfzig, und manchmal sah man es ihr an. Wenn Dorrie in der Küche war, lieferte Carrie nur schuldbewußt den zugedeckten Teller ab und fragte leise, ob es etwas Neues gebe.

Dorrie nahm den Teller in Empfang, sah von dem Gipfel ihrer Geborgenheit auf sie herab und sagte, es gebe nichts Neues. »Aber vielen Dank für deine Anteilnahme.«

»Nicht der Rede wert«, sagte Carrie. »Am Montag abend hätte ich Anteil nehmen sollen, als ich sicher war, daß etwas nicht stimmte. Um elf habe ich gesehen, daß das Licht über der Haustür brannte und die Einfahrt leer war. Da hätte ich herüberkommen sollen, aber da habe ich nichts getan.«

»Da wäre es schon zu spät gewesen«, sagte Dorrie.

Vielleicht auch nicht, dachte Carrie gequält. Am Montag abend lag in der Stadt alles in den Federn, und bei den wenigen Wagen, die um diese Zeit noch unterwegs waren, hätten sie Michele vielleicht gefunden.

Carrie war weder jung noch egoistisch genug, um die Last ihrer Schuld anderen aufzubürden. Und geplagt von ihrem Gewissen faßte sie einen Vorsatz. Von jetzt an würde sie immer freundlich und hilfsbereit sein. Sofort. Sie würde nicht zögern, nicht schwanken, nicht an die Leute denken, sie würde jedem, der sie brauchte, Stütze

und Stab sein, und sie würde die Augen offenhalten.
Am Sonntag war der Sturm vorbei.
Am Montag, eine Woche nach Micheles Verschwinden, waren die Straßenbautrupps in voller Stärke angetreten, um festzustellen, was in dem Gebiet los war, das sich von den Bergen her zum Einkaufszentrum senkte, denn dort sah es schlimm aus. Die Störung wurde schließlich an der Kreuzung lokalisiert, wo der neue Wohnblock im Entstehen war und wo sich jetzt ein Schlammsee ausbreitete. Der Abfluß schien verstopft zu sein, so daß die schlammige Flut bei Sargent hinuntergeflossen war, sich in die Seitenstraßen verbreitet und den Parkplatz unter Wasser gesetzt hatte.
Ein Bautrupp wurde gerufen, und als sie den Abfluß aufmachten, fanden sie darin, zusammengekrümmt und die Öffnung verstopfend, Micheles Leiche.
Linda Fischer hörte es im Radio.
Sie hatte an dem Tag Spätdienst bei Harper. Dienstbeginn um eins, Dienstschluß um neun, mit Geschäftsschluß. Deshalb putzte sie am Montag morgen ihre Wohnung und ließ dabei das Radio laufen. Die Nachrichtenredaktion unterbrach das normale Programm mit der Meldung, daß Michele Copelands Leiche gefunden worden war. Linda zuckte zusammen. Großer Gott, dachte sie, was wäre bloß passiert, wenn sie ihren Mann an dem Abend hätte anhalten lassen? Vielleicht wäre dann auch er umgekommen. So sprach sie sich von jeder Schuld frei und machte aus der Unterlassungssünde eine edle Tat.
Ihr Mann hörte es in der Mittagspause. »Sie haben das Mädchen gefunden«, sagte der Mann auf dem Hocker neben ihm. »Du weißt schon, das Mädchen, das vor einer Woche verschwunden ist.«

Lindas Mann schluckte den Bissen, den er im Mund hatte, herunter und legte das Sandwich sorgsam wieder auf den Teller.

»Sie steckte in dem Abfluß an der Kreuzung Sargent und Sexton. Schrecklich.«

Mrs. Fischers Mann schob seinen Teller zurück, rutschte vom Hocker und verließ steifbeinig den Drugstore. Er ging zu dem Parkplatz neben dem Büromaschinengeschäft, in dem er arbeitete, stieg in seinen Wagen, fuhr vorsichtig die Main Street entlang, vorbei an den Warnschildern, die zum Schutz der Straßenarbeiter aufgestellt waren, nahm die Ausfahrt zur Autobahn am Stadtrand, gab Gas und fuhr nach Norden.

Er wollte seine Frau nie wiedersehen. Er würde sich irgendwo in einer fernen Stadt verkrümeln und zu vergessen versuchen, daß Michele noch leben würde, wenn Linda ihn nicht vor einer Woche davon abgebracht hätte anzuhalten.

An diesem zweiten Montag morgen war Carrie Mason dabei, eine kräftige Gemüsesuppe für die Familie Copeland zu kochen. Das Radio in der Küche war, wie immer, auf die Lokalstation eingestellt, aber sie wußte, noch ehe die Meldung kam, daß Michele gefunden worden war. Sie wußte es, als der Streifenwagen vorfuhr und die beiden Polizeibeamten mit widerstrebend-ausdruckslosen Gesichtern langsam die Stufen zur Haustür der Copelands hinaufstiegen. Carrie Mason wußte es also, und als die Meldung kam, dachte sie an ihren Vorsatz, stets Stütze und Stab zu sein, immer zu helfen, wenn Hilfe gebraucht wurde, und sie beschloß, die Suppe hinüberzubringen, auch wenn ihr Atem nach Bourbon roch, man ihr die fast dreiundfünfzig Jahre ansah und sie nicht wissen würde,

was sie sagen sollte.
Jim Copeland nahm die Nachricht wie ein Verlorener entgegen, sich dumpf der Tatsache bewußt werdend, daß er in der Tat verloren war.
Sue warf ihm ein letztes »Das ist deine Schuld!« an den Kopf und wußte, daß sie nie mehr mit ihm sprechen würde.
Dorrie wünschte sich, in ihre neue Schuld verstrickt, die alte zurück. Sie hatte mittlerweile begriffen, daß sie sich eine dauernde und schwere Bürde aufgeladen hatte.
Am Montag abend war die Leiche ordnungsgemäß identifiziert worden und lag im Bestattungsunternehmen aufgebahrt.
Um zehn nach neun kam Linda Fischer aus dem Warenhaus und betrat den Parkplatz. Eine Kollegin war bis hierher mitgekommen, eine Teilzeitkraft aus der Kurzwarenabteilung, in der Michele vorige Woche gearbeitet hatte. Die Kleine hatte Michele nicht gekannt, behauptete es aber, weil sie auf dasselbe College gingen und in demselben Warenhaus arbeiteten und weil das alles schrecklich aufregend war.
»Wir haben ihn an dem Abend gesehen«, sagte Linda, und die Kleine hing an ihren Lippen. »Nur gut, daß mein Mann nicht angehalten hat, vielleicht wäre er sonst auch umgekommen.«
In Abschnitt A standen nur noch wenige Wagen. Die beiden bewegten sich vorsichtig auf dem trockenen, verkrusteten Schlamm vorwärts. »Hier ist mein Wagen«, sagte die Kollegin. »Wo ist denn dein Mann? Soll ich dich mitnehmen?«
»Nein, danke, fahr nur.« Linda sah auf die Uhr. »Er muß gleich kommen, ich bin ein bißchen früh dran. Um

zwanzig nach neun ist er immer da.«
Erst um neun Uhr vierzig, als der letzte Wagen von Abschnitt A verschwunden war, begann sie, sich Sorgen zu machen. Jetzt bekam sie es mit der Angst zu tun und lief an den dunklen Läden vorbei zum Coffeeshop, in dem noch Licht brannte. Der Besitzer machte gerade Schluß.
»Könnten Sie mich wohl heimfahren?« fragte Linda atemlos. »Ich habe Angst, da draußen ganz allein auf meinen Mann zu warten. Wenn man bedenkt, was passiert ist...«
Er erklärte sich sofort bereit dazu. Er klappte die Krapfenvitrine zu, deckte die Kuchen ab, machte das Licht aus und schloß ab. Er war sehr nett und besorgt. Er half ihr in seinen Wagen und fuhr in das Viertel, in dem Linda Fischer wohnte.
Erst als sie an der Abzweigung nach Sargent waren, kam Linda Fischer zu Bewußtsein, daß sie in derselben Situation war wie Michele Copeland um diese Zeit am Montag vor einer Woche.
Sie saß jetzt ganz still, und die Stimme, mit der sie ihm den Weg wies, war fadendünn, während der Coffeeshop-Besitzer sich ernsthaft über die Gefahren ausließ, die einer Frau drohen, wenn sie nachts allein unterwegs ist. Ihre Wohnung war nur wenige Blocks vom Einkaufszentrum entfernt, und sie war fest davon überzeugt, daß sie nie dort ankommen würde, aber der Mann fuhr sie bis an ihr Ziel, und sie war ganz fassungslos, als er anhielt und sie ihr Haus vor sich sah. Sie machte die Tür auf und taumelte aus dem Wagen, von der überstandenen Angst noch ganz sprachlos, so daß sie vergaß, sich zu bedanken. Mit der Erleichterung kam auch ihre Kraft zurück. Sie lief zur Haustür, riß sie auf und polterte die Treppe hinauf.

Als sie die Wohnungstür aufmachte, hinter der Dunkelheit gähnte, wußte sie, daß sie etwas sehr Schlimmes getan hatte, als sie vor einer Woche ihren Mann nicht hatte anhalten lassen, um Michele Copeland zu helfen. Und einen Moment später wurde Linda Fischer klar, daß ihr Mann sie verlassen hatte und nie mehr zurückkommen würde, weil sie das Schlimme, was sie Michele angetan hatte, auch ihm angetan hatte.

Am Mittwoch war die Beerdigung. In der durch einen Vorhang abgetrennten Nische für die Leidtragenden saß Dorrie zwischen Micheles Vater und Micheles Mutter, so daß jedes Elternteil während der Trauerfeier für sich allein weinte.

Am Mittwoch nachmittag brachte Carrie Mason eine Kürbispie herüber, und Dorrie mußte einen Berg Geschirr und mehrere Töpfe beiseite schieben, um Platz dafür zu schaffen.

Die Küche sah aus, als hätte ein Tornado darin gewütet. Sue zerrte Wäsche hervor, machte Stöße daraus, fertigte Listen an, hatte sichtlich alle Hände voll zu tun. Carrie Mason fragte sich, was wohl hier los sei. Vielleicht wollten Jim und Sue Copeland, da sie nun allein waren und nicht soviel brauchten, Dorrie für ihre aufopfernde Hilfe belohnen und ihr zusätzlichen Hausrat mitgeben.

»Du wirst wohl jetzt wieder abreisen«, sagte sie zu Dorrie.

»Morgen«, sagte Dorrie.

»Ich fahre mit«, sagte Sue, ohne den gleichmäßigen Rhythmus ihrer Tätigkeit zu unterbrechen.

»Aha«, sagte Carrie und überlegte mit einiger Skepsis, daß es vielleicht ganz in Ordnung war, wenn eine Mutter

zu ihrer Tochter und ihren Enkeln fuhr, um zu trauern, statt das zu Hause zusammen mit dem armen, verlassenen Vater zu besorgen. Aber so sicher war sie ihrer Sache nicht. »Das ist ja nett«, sagte sie. »Jetzt spann mal erst schön aus, mach einen netten Urlaub ...« Sie unterbrach sich mitten im Satz, so entsetzt über ihre unglückselige Wortwahl, daß sie nur den letzten Teil von Sues erstaunlicher Erklärung mitkriegte. »... und ich komme nicht mehr zurück. Ich bleibe bei Dorrie und ihrer Familie.«
»Ja«, sagte Dorrie. »Mom kommt für immer zu uns.«
Sobald sie es gesagt hatte, wußte Sue, daß sie gar nicht gehen wollte. In dem Augenblick, in dem sie erklärt hatte, daß sie nicht mehr zurückkommen würde, wurde ihr flau bei dem Gedanken, Jim zu verlassen. Als sie verkündet hatte: »Ich bleibe bei Dorrie und ihrer Familie«, fragte sie sich, wie sie die Herrschaftsallüren ihrer Tochter und die Tyrannei der drei verzogenen Enkelkinder ertragen sollte.
Und als Dorrie, damit nur ja kein Zweifel aufkam, hinzufügte: »Ja, Mom kommt für immer zu uns«, wußte sie ihrerseits, daß sie sich eine Mutter im Haus, Hal eine unwillkommene Schwiegermutter und den Kindern eine Großmutter aufgeladen hatte, die nicht gut für sie sein würde und zu der sie nicht gut sein würden. Das hatte sie sich und den Ihren angetan, und damit würde sie nun leben müssen.
Die beiden vollgepackten Wagen, der von Dorrie und der von Sue, fuhren am Donnerstag ab, und Jim Copeland blieb allein zurück. Carrie Mason hätte ihm gern Essen gebracht, wäre ihm Stütze und Stab gewesen, wie sie es sich so fest vorgenommen hatte, aber sie erwischte ihn nie. Er ging früh zur Arbeit, leise und spät kam er heim.

Das Licht über der Haustür wurde nie mehr eingeschaltet und auch nicht das Licht im Wohnzimmer. Carrie Mason sah nicht einmal das Flackern des Fernsehschirms.
Übers Wochenende war er nur zweimal zu Hause, einmal, als ein Umzugswagen einige Möbelstücke abholte, ein zweites Mal, als ein Wagen aus der Stadt den Rest wegschaffte.
Drei Wochen nach der Beerdigung war Micheles kleiner grüner Wagen verschwunden, das Haus war leer, und im Vorgarten stand ein Schild: »Zu verkaufen.«
Und jetzt endlich kam Jim Copeland zu Carrie Mason herüber.
Sie bot ihm Kaffee an, aber er lehnte ab und sagte, er habe alle Hände voll zu tun und sei in Eile. Sie sah, wie dünn er geworden war, und sorgte sich um ihn. Es war ihr jetzt egal, ob sie nach Bourbon roch, sie wollte nur nett und freundlich sein.
Er habe sich eine kleine Wohnung in der Stadt genommen, erzählte er, und sei dabei, das Haus zu verkaufen. Und deshalb sei er auch hier, er wolle einen Hausschlüssel bei ihr deponieren. »Für den Fall der Fälle«, sagte er, und sie wußte nicht recht, ob er meinte, für den Fall, daß Sue zurückkam, oder für den Fall, daß ein Interessent sich das Haus ansehen wollte.
Die übrigen Schlüssel, sagte er, habe der Makler, den er mit dem Verkauf beauftragt habe. Aber er hätte gern, daß sie einen behielt. »Für den Fall der Fälle.«
Dann ging er, und für Mrs. Mason gab es durch die Schlafzimmerjalousie nur noch die vorgezogenen Vorhänge des Wohnzimmers nebenan zu sehen und eine Ecke des Schildes draußen vor dem Haus.
Das Geld war knapp, die Zinsen waren hoch, und es

kamen nicht viele Interessenten, die das Haus besichtigen wollten. Aber so viele waren es doch, daß Carrie nach einer Weile den Wagen des Maklers kannte und wußte, daß es nicht sein Wagen war, als die hellgraue Limousine vor dem Haus der Copelands hielt. Sie fuhr wieder weg, aber ein paar Tage danach war sie wieder da.
Als sie den Wagen zum dritten Mal sah, steckte sie draußen im Garten die letzten Frühjahrszwiebeln und hoffte, damit fertig zu werden, ehe aus dem Dämmerlicht Dunkelheit wurde. Sie stand auf, als der Wagen vor dem Haus hielt, ließ ihren Spaten fallen und ging von ihrem Garten in den Nachbargarten hinüber und zur Straße hinunter.
»Falls Sie sich für das Haus interessieren«, sagte sie zu dem jungen Mann, der in dem Wagen saß, »ich habe einen Schlüssel und kann es Ihnen zeigen. Aber wir müssen uns beeilen, der Strom ist abgestellt, und es wird schon dunkel. Viel Zeit haben wir nicht.«
»Ach so«, sagte er, leicht zusammenfahrend, als sei er von dem Haus so fasziniert, daß er sie nicht hatte kommen hören. »Haben hier nicht früher die Copelands gewohnt?«
»Ja. Ein schreckliches Unglück.« Carrie Mason konnte den jungen Mann im Schatten des Wagens nicht deutlich erkennen. Er machte aber einen netten, sympathischen Eindruck. »Kannten Sie die Familie?«
»Ich habe das Mädchen getroffen. Einmal nur«, sagte der Mann.
»Michele? Die ermordet worden ist?«
»Ja. Und ich habe einmal mit ihrem Vater gesprochen.« Unvermittelt, als habe er ihre Anwesenheit erst jetzt zur Kenntnis genommen, beugte sich der Mann über den Sitz

und betrachtete Carrie Mason in dem jetzt purpurnen Zwielicht. »Ich habe eine kranke Frau, wissen Sie ...«
Carrie murmelte etwas Mitfühlendes.
»Wir haben jetzt eine Etagenwohnung, aber wenn wir ein Haus hätten, habe ich mir gedacht, könnte sie mehr draußen sein.«
»Sicher«, sagte Carrie. »Das wäre bestimmt schön für sie.«
»Ich bin Vertreter und viel unterwegs, und ich lege großen Wert auf eine gute Gegend, in der ich sie auch mal allein lassen kann. Nett und ruhig. Anständig.«
Carrie begann, die Nettigkeit, die Ruhe und die beispiellose Anständigkeit der Gegend in leuchtenden Farben zu schildern, aber er unterbrach sie. »Ich würde mir sehr gern das Haus ansehen, doch es ist, wie Sie sagen, dafür fast schon ein bißchen zu spät. Aber wenn ich mir die Gegend ansehen könnte, Mrs....« Er ließ den Satz fragend ausklingen.
»Mrs. Carrie Mason«, sagte sie.
»Ich habe das Gefühl, Mrs. Mason, daß das genau das Haus ist, das ich gesucht habe. Ich kann natürlich morgen wiederkommen und es besichtigen, aber ich möchte doch gern erst die Gegend sehen. Dazu ist es noch hell genug. Ob Sie mir da wohl ein bißchen helfen könnten ...«
Carrie trat einen Schritt zurück.
»Nur einmal kurz um den Block. Damit ich sehen kann, wo die Geschäfte sind.« Er lachte halb betrübt, halb kläglich. »Meine Frau braucht und will ständig so vieles. Ein Rezept, Eis, ein Heizkissen, einen Eisbeutel, heute dies, morgen das, immer irgendwas ...«
Carrie dachte an ihren festen Vorsatz, allen Hilfesuchenden stets Stütze und Stab zu sein.

»Und wenn ich jemanden hätte, der mir alles zeigt, könnte ich heute abend meiner Frau davon erzählen, vielleicht könnte ich ihr Interesse wecken, und morgen...«
Carrie sah noch einmal zum Rasen zurück, der jetzt fast im Dunkeln lag, zu ihrem Spaten und den restlichen Blumenzwiebeln, zu ihrem dunklen, unverschlossenen Haus. »Aber nur auf ein paar Minuten, ja?« sagte sie.
»Nur auf ein paar Minuten«, versicherte er.
Sie stieg in den Wagen, und der graue Mittelklassewagen fuhr davon.

Inhalt

Leseprobe aus Scherz-classic-Krimi 946

MEINE SCHAUERLICHSTEN GRUSELSTUNDEN 2

von Alfred Hitchcock

Als ich an jenem Morgen, an dem man Rachel Avery tot in der Badewanne entdeckte, herunterkam, fand ich Bane schon am Frühstückstisch. Er hatte nicht gut geschlafen, was an seinen Augen und an seinen heruntergezogenen Mundwinkeln zu sehen war.

»Wir werden heute in die Stadt fahren«, sagte er.

»Es hat während der Nacht geschneit, und Sie sind müde und haben schlecht geschlafen. Wenn Sie sich erkälten – was Sie fast sicher tun werden –, dann werden Sie für Wochen ans Bett gefesselt sein.« Ich wußte, daß er solche Argumente akzeptieren würde. »Und weshalb wollen Sie überhaupt in die Stadt fahren, Sir?«

»Um zu hören, was die Leute sagen.«

»Oh? Was meinen Sie damit?«

»Weil Rachels Mann sie umgebracht hat, Tim. Rachel hätte nie heiraten sollen, schon gar nicht Dean Avery. Er ist ein Mann mit der Seele einer Rechenmaschine, Rachel dagegen war romantisch und musisch veranlagt. Er brachte sie in sein Haus und wollte sie ganz für sich haben. Aber es war ihr nicht gegeben, treu zu sein, weder ihm noch einem anderen. Sie war ein Schmetterling, flatterte umher und genoß ihr Leben. Und jetzt hat er sie getötet.«

Nach einer kurzen Pause, in der er anscheinend einen Gedanken zu Ende dachte, fuhr er fort:

»Ich möchte wissen, wie er es getan hat, und dann entscheiden, was zu tun ist. Vielleicht könnten Sie ohne mich in die Stadt fahren. Sie beobachten sehr gut, Sie spüren und fühlen mehr, als ich anfangs vermutet hatte, fast als ob Sie die Menschen kennen würden wie ich.«
»Sie haben sie gut beschrieben.«
Diese Äußerung amüsierte ihn. »Macht nichts«, sagte er. »Stellen Sie Ihr Licht ruhig unter den Scheffel, wenn Sie unbedingt müssen, aber sehen Sie zu, was Sie erfahren können. Ich werde darüber nachdenken, wie wir die ganze Angelegenheit dann handhaben werden. Ich weiß zwar eine ganze Menge, aber noch nicht genug.«
Bevor ich wegfuhr, fragte ich ihn, wieso er eigentlich seines Verdachts so sicher wäre. Darauf sagte er: »Ich kenne die Stadt und ihre Bewohner. Ich kenne Rachel und Dean Avery. Ich kannte ihre Mutter sehr gut, und ich kannte seine Eltern. Ich wußte, daß sie einander nicht hätten heiraten sollen und daß die Sache schiefgehen würde. Und ich bin absolut sicher, daß sie umgebracht wurde und daß er es war, der es getan hat. Können Sie das verstehen?« . . .

Leseprobe aus Scherz-classic-Krimi 951

DAS BESTE VOM BÖSEN

von Giorgio Scerbanenco

»Herr Direktor, Herr Direktor, sind Sie es, Herr Direktor?« Lili tauchte am Ende des trüb beleuchteten Korridors auf. Sie hatte den schwarzen Kittel abgelegt und trug ein kurzes, gelbes Kleid, das ihre zarten Rundungen noch mehr betonte.

»Ja, ich bin es. Komm her!« rief er. Im gleichen Augenblick wurde ihm seine Dummheit klar: Er hatte sich bluffen lassen. Während er durch Lili von rechts abgelenkt wurde, sprang ihn von links einer der Ganoven an und schlug ihm ein Bleirohr, das er mit beiden Händen hoch erhoben hatte, mit voller Kraft auf den Schädel. Der Elefant sah aus den Augenwinkeln, wie der Jäger zum Schlag ausholte, aber er hatte keine Zeit mehr auszuweichen. Ohnmächtig brach er zusammen.

Als er nach ein paar Minuten wieder zu sich kam, war er entwaffnet, nackt, und an Händen und Füßen gefesselt. Zwei Gangster richteten ihn auf und stützten ihn. Er schaute sich um: Er befand sich in der Stanzwerkstatt. Die Halle war nur notdürftig beleuchtet, ganz in seiner Nähe stand die größte und stärkste Presse der Fabrik, eine Davidson, die vier übereinandergelegte Stahlbleche mit einem Schlag in vierzigtausend kleine Reißnägel verwandelte. Er selbst hatte die Anschaffung dieser Maschine vorgeschlagen. Noch halb betäubt erkannte er dann das Gesicht des Pockennarbigen und hörte seine Stimme:

»Du bist ein Spitzel und wirst den Tod eines Spitzels sterben, damit alle, die versucht sein sollten, es dir nachzumachen, wissen, was sie erwartet. Die Presse hier, die größte in der Fabrik, wird dich plattdrücken wie eine Flunder, du häßlicher Kleiderschrank!«

Jetzt war dem Elefanten klar, warum sie ihn ausgerechnet in die Fabrik gelockt hatten. Der Elefant ist, wie bereits gesagt, ein neugieriges Tier, das alles genau verstehen will, auch seinen Tod. Aber er wollte auch dem Expeditionsleiter, der diese Safari so genial ausge-

heckt hatte, die ihm gebührende Antwort nicht vorenthalten: Er spuckte ihm in die narbige Visage.
»Du dreckiger Spitzel!« schrie der Pockennarbige und wischte sich das Gesicht ab. »Legt ihn unter die Presse!«
»Nein, das dürft ihr nicht!« schrie Lili aus einer dunklen Ecke der Werkhalle. »Bringt ihn von mir aus um, aber nicht so!«
Man hörte einen unterdrückten Aufschrei, und Lili schwieg, weil sie einen Faustschlag auf den Mund bekommen hatte.
»Legt ihn unter die Presse!« wiederholte der Boss.
Die beiden Gangster hoben ihn unter die Presse. Der Elefant fühlte die ölige Kälte des Metalls auf seinem nackten Bauch und dachte an Assunta. Arme, arme Assunta! Wenn sie die Nachricht von seinem Tod erhielt, würde sie den Verstand verlieren, davon war er überzeugt.
»Roberto, los, wirf die Maschine an!« befahl der Pockennarbige.
Roberto war der Elektrofachmann der Bande und ein echter Ganove. Aber es gibt eben doch Dinge, vor denen auch ein echter Ganove zurückschreckt. Einen Menschen so kaltblütig umzubringen, machte nicht nur Lili angst, sondern ihm auch.
»Ja«, sagte er.
Dem Pockennarbigen zu widersprechen, wagte so leicht niemand. Roberto drückte auf den roten Knopf, aber nichts geschah. Was Roberto übrigens von vornherein gewußt hatte. Um die schwere Davidson-Presse einzuschalten, mußte man vor dem roten Knopf auf den grünen Sperrknopf drücken und dann noch auf den blauen, damit die Schutzvorrichtung für den Arbeiter ausgefahren wurde.
»Was ist los?« fragte der Pockennarbige. »Warum funktioniert sie denn nicht? Laß mal sehen. Hier sind drei verschiedene Knöpfe . . .«